Passional Christi und Antichristi

목판화로 대조한
그리스도와 적그리스도의 생애

목판화 **루카스 크라나흐**
글 **필립 멜란히톤**
발행 **마르틴 루터**
초판발행 1521년
편역/해설 **옥성득**

/ 차례 /

일러두기 —————— 6

이 책을 읽는 방법 —————— 8

서론 —————— 10

제1부

목판화와 한글 번역문 —— 29

제2부

원문 / 번역문 / 해설 —— 57

부록 —————— 170

일러두기

1. 이미지와 본문의 출처는 다음과 같다. 원문 자료는 저작권 없이 인터넷에 공개된 자료를 활용했고, 저서나 논문들은 인용했다. 영어 번역문은 루지-존스의 저서와 다이크마(Dykema) 박사가 쓴 논문의 본문, 그리고 독일 비텐베르크 루터 박물관에 있는 번역문을 참조하여 완성했다. 독일어와 영어 본문의 이용을 허락해준 다이크마 박사에게 감사드린다.

The Richard C. Kessler Reformation Collection (Pitts Theological Library, Emory University. a digitalized book of the 1885 edition at the library of the University of Wisconsin).

Philip-Jones, *Cross in Tensions: Luther's Theology of the Cross as Theologico-social Critique* (Eugene, OR: Wipf and Stock Publishers, 2008), Appendix.

Roberta J. Dykema, *Lucas Cranach the Elder, Martin Luther, and The Passional Christi und Antichristi: Propaganda and Prayer in an Early Lutheran Flugschrift* (Ph. D. dissertation, Graduate Theological Union, 2010).

2. 편역자는 책 전체의 편집과 본문의 한글 번역, 서론과 설명을 맡았으며, 필요한 경우에는 주석을 달았다. 본문 아래에는 편역자의 설명과 단상을 적색 글씨로 썼고, 한글로 기울여 쓴 부분은 적그리스도에 대한 설명으로 현재 한국 개신교에 대한 비판을 덧붙인 것이다.

3. 각주는 다이크마 박사가 쓴 논문을 주로 참고했으며, 다른 저서들도 이용했다. 교회법에 대해서는 다음 두 책을 참고했다.

Emilius Friedberg ed., *Corpus Juris Canonici* (2 vols. Graz: Akademische Druck-U. Verlagsanstalt, 1959).

Amleto G. Cicognani, *Canon Law* (Philadelphia: Dolphin Press, 1935).

4. 제1부에서는 원문의 그림 밑에 한글 번역문을 실었다. 제2부에서는 독일어(원문), 라틴어(원문), 영어, 한글 번역문을 별도로 정리하고 한글 해설과 단상을 덧붙였다.

5. 번역문 중 [ ] 부분은 독일어 본문에는 없지만 라틴어 본문에는 있는 문장이다.

6. 제2부 해설에 있는 목판화는 라틴어판에 있는 것으로, 여섯 번째 그리스도의 그림(십자가를 메고 가는 그리스도)이 다르다.

이 책을 읽는 방법

어디에 길이 있나?

왼쪽에는 수난의 그리스도,

오른쪽에는 영화의 교황이 있다.

이쪽에는 예수의 말씀인 복음서가,

저쪽에는 교회법과 오래된 관행이 있다.

한쪽에는 영원한 텍스트가,

다른 쪽에는 역사적 컨텍스트가 있다.

여기에는 이상인 그리스도교가,

저기에는 현실인 목사교가 있다.

그러므로 왼편에서 오른편을 공격할 치밀한 작전도를 만들고,

오른편에서 몸을 돌려 십자가의 길로 가는 지도를 그린다.

한쪽을 보면서 그리스도를 닮고자 하는 거룩한 소망을 키우고,

다른 쪽을 보면서는 한국교회를 개혁하려는 거룩한 분노를 키운다.

목판화로 대조한
그리스도와 적그리스도의 생애

한쪽만 보면 반만 볼 수 있으니

서로 공존하는 양쪽을 붙잡고 씨름한다.

이편에는 그리스도의 수난으로 빚어지는 하나님의 왕국이,

저편에는 인간의 욕망으로 쌓아올린 세속의 왕국이 있다.

오른쪽을 보며 마귀의 성을 깨부술 용기와 이를 위해 몸
 바쳐 희생할 담력을 기르고,

왼쪽의 그리스도를 보며 끊임없이 그를 닮기 위해 기도하
 며 내 자아를 비워낸다.

눈으로 그리스도를 보고,

입으로 그의 말씀을 읽고,

몸으로 그의 십자가를 지고 따라간다.

밀과 가라지가 함께 자라는 것도 잠시,

추수철이 되면

알곡은 곳간으로 옮겨지고,

쭉정이는 불태워질 것이라 믿는다.

서론

루터 교회의 첫 목판화 소책자 Flugschrift는 로마 가톨릭교회를 정면으로 비판한 선전 팸플릿으로, 루터의 십자가 신학을 한눈에 볼 수 있는 책이다. 1521년 봄 독일 비텐베르크에서 루터가 교황의 파문서를 불태운 직후 출판된 이 책은 청빈한 그리스도의 삶과 허영과 욕망으로 가득 찬 교황의 삶을 대비시킨다.

이 책은 문맹률이 높던 당시의 상황을 고려하여 일반 대중도 쉽게 이해할 수 있도록 목판화 밑에 짧은 설명을 덧붙인 형식을 취하고 있다. 목판화는 총 26개로 2개씩 13개의 짝으로 이루어져 있다. 목판화의 특징인 단순한 외곽선과 흑백의 강력한 대조는 교황을 공격하는 변증서와 선전 책자에 제격이었다. 책의 분량은 표지와 본문 26면을 합쳐 총 28페이지였고, 크기는 19.5cm×14.4cm였다. 책값이 저렴한 덕분에 초판 20,000부는 순식간에 동이 났으며, 곧이어 다른 도시에서도 출간될 만큼 많은 인기를 끌었다. 이후 이 책은 독일에서 10판까지 발행되며 교회 개

목판화로 대조한
그리스도와 적그리스도의 생애

혁 운동에 큰 영향을 끼쳤다. 독일어판 *Passional Christi und Antichristi*에 이어 곧바로 라틴어판도 출간되었다. 비텐베르크의 크라나흐 인쇄소에서 출간된 라틴어판의 제목은 *Antithesis figurata vitae Christi et Antichristi*(그림으로 대조한 그리스도의 생애와 적그리스도의 생애)였다.

책의 왼쪽 면에는 예수 그리스도의 생애 중 한 장면을 표현한 그림과 묵상할 성경 구절이 실렸고, 오른쪽 면에는 교황의 타락상을 싣고 그와 관련된 교회법을 인용했다. 교황과 예수 그리스도에 관한 그림과 본문을 동시에 비교함으로써 교황이 마귀의 권세 아래 있는 적그리스도임을 분명히 드러내는 것이다.

그러나 이 책의 용도를 교황을 비판하고 개신교의 정당성을 옹호하는 변증서나 선전서로 한정 지을 필요는 없다. 이 책을 통해 그리스도를 삶의 모범으로 삼아 그분의 말씀을 깊이 묵상한다면 그리스도의 말씀이 우리의 삶 속에서 살아 역사하는 것을 경험할 수 있을 것이다. 이 책의 진가는 독자들이 성경 구절과 그림에 나타난 그리스도의 삶과 십자가의 고난, 죽음과 부활을 보고, 그리스도를 따라 교회를 개혁하고 세상을 구원하기로 결단할 때야 비로소 드러날 것이다.

이 편역서는 크게 서론, 원문, 원문에 관한 설명 순으로 구성되어 있다. 서론에서는 저자 소개, 시대적 배경, 루터의 신학 등을 다루었다. 독자의 이해를 돕기 위해 본문 제2부에서는 독일어판 원문, 라틴어판 원문, 영어 번역문을 게재한 후 편역자의 설명을 덧붙였고, 필요한 경우 주석을 달았다. 설명과 해석 부분에서는 한국교회에 제2의 종교개혁이 일어나기를 기원하는 마음으로 한국 개신교 지도자들의 타락상을 비판했다.

저자들

판화는 크라나흐가 그렸고, 본문은 멜란히톤이 요한 슈베르트페게르의 도움을 받아 썼다. 루터는 동료들의 제작 진행 상황을 알고 그에 관해 이야기도 나누었으나 직접 참여하지는 않은 듯하다. 혹자는 루터가 짧은 발문을 썼을 것이라고 추정하기도 한다. 루터가 멜란히톤에게 보낸 편지에 의하면 그는 이 소책자를 'Passionale antitheron'이라고 불렀는데, 이는 독일어판 제목 *Passional Christi und Antichristi*과 라틴어판 제목 *Antithesis figurata vitae Christi et Antichristi*의 첫 단어를 합친 것이다.

목판화는 독일 비텐베르크의 르네상스 궁정화가이자

루터의 친구인 루카스 크라나흐Lucas Cranach the Elder, 1472-1553의 작품이다. 이 소책자의 그림은 루터의『신약전서』(1522)에 삽입된 요한계시록 삽화들과 함께 그의 목판화 가운데 가장 유명한 작품들이다. 신학적 내용을 시각화한 그의 작품은 많은 독일인의 영적 상상력을 자극했다. 크라나

루카스 크라나흐(루카스 크라나흐 2세 作, 1550)

흐는 1505년 봄 엘베 강 연안에 있는 대학도시이자 작센 선제후 프리드리히의 궁전이 있는 비텐베르크 성의 궁정화가로 임명되어 1550년 7월까지 45년 동안 그곳에서 살며 많은 작품을 남겼다. 또한 여러 제후의 후원을 받아 젊은 화가들을 한데 모았고 비텐베르크를 16세기 독일 예술의 중심지로 만드는 데 큰 공을 세웠다. 그는 많은 그림과 목판화, 장식 예술품을 제작했는데, 그중 교회의 제단화, 궁정 인물 초상화, 종교 개혁가들의 초상화, 그리고 인체를 길게 그린 여인의 누드화 등은 그의 주요작품으로 손꼽힌다. 1512년 40세의 나이로 결혼한 크라나흐는 궁정화가라는 직책에 구애받지 않고 정치가나 사업가 등 다방면에서 활동해 자본주의 기업가라 불리기도 했다. 그는 포도주 거래는 물론이고 1519-20년에는 비텐베르크 시의회 의원으로 활약했고, 약국, 인쇄소, 문구점을 경영하기도 했다. 루터와 함께 일하기 시작한 것도 이때부터다. 그는 개신교와 가톨릭 양측 모두에게 작품을 의뢰받았고, 제후와 교회 지도자들의 신임을 한 몸에 받았다. 그 결과 1528년에는 비텐베르크에서 브뤼크Brugg 총리 다음가는 거부가 되었으며, 1537-38, 1540-41, 1543-44년에는 비텐베르크 시장을 역임하게 된다. 그의 아들 역시 화가로 활동했다.

목판화로 대조한
그리스도와 적그리스도의 생애

필립 멜란히톤(1532)

본문은 루터의 동료인 멜란히톤과 교회법 학자 슈베르트페게르의 합작품이다. 필립 멜란히톤Philipp Melanchthon, 1497-1560은 당대 최고의 인문학자였다. 그는 150cm의 단신에 목소리가 가늘고, 약간의 언어장애까지 있어 그다지 눈에 띄는 사람이 아니었다. 그러나 그는 10대 초반에 하이델베르크 대학에서 전통 학문을 익히고, 튀빙겐 대학에서 키케로의 수사학과 아리스토텔레스 철학과 성서를 공부한 후 16세에 석사학위를 받을 만큼 두뇌가 명석했다. 21세였던 1518년에는 루터의 추천으로 비텐베르크 대학의 그리스어 교수로 임용되었고, 이때부터 그는 루터의 가장 친한 동료가 된다. 멜란히톤은 고전과 철학은 물론이고 히브리어, 라틴어, 그리스어, 신약성서에도 정통한 학자였다. 대학에서는 로마서를 비롯한 바울서신을 가르쳤는데, 교육제도를 개혁해야 한다고 주장하며 학생들에게 '용기를 내어 이성을 사용할 것'을 역설했다. 당시 그의 강의를 듣기 위해 입학하는 학생이 많았을 정도로 그는 아주 인기가 높았다고 한다. 1523년에는 비텐베르크 대학 총장으로 취임해 교육제도를 개혁하고 독일 교육의 기초를 다졌다. 기독교 인문주의와 성경의 원문, 초대 교부들의 작품에 충실하자는 '근원으로' *Ad Fontes* 정신에 입각해 교육과정에서 학문과 영성을 동시에 추구한 것이다. 이후 그는 여러 대학을 설립했고, 독일 교육의 토대를 놓은 공을 인정받아 '독일의 스승' *Praeceptor Germaniae*이라 불렸다.

나아가 멜란히톤은 루터와 함께 루터교를 공동 창시한 인물이기도 하다. 가톨릭의 성인숭배, 고해성사, 화체설, 스콜라주의에 맞서 성서만이 유일한 신학자료라 주장한 것이다. 그는 이신칭의를 통한 구원의 확신을 강조하고, 성경에 나타난 하나님의 요구인 '율법'과 예수 그리스도를 믿음으로 말미암아 주어지는 은혜의 산물인 '복음'을 구분했다. 24세였던 1521년에는 매형인 슈베르트페게르와 함께 이 소책자를 쓰는 한편, 그의 초기 대표작이자 최초의 루터 교회 조직신학서인 『신학총론』*Loci communes rerum*

목판화로 대조한
그리스도와 적그리스도의 생애

theologicarum seu hypotyposes theologicae (Wittenberg & Basel, 1521)을 출판하여 루터의 입장을 지지했다. 『신학총론』은 신학을 체계적으로 정립한 명저로, 칼뱅의 『기독교 강요』(1536)보다 15년이나 앞서 출판되어 18세기까지 대표적인 개신교 신학 서적으로 평가받았다. 이 시기에 그는 루터의 중매로 카타리나 크랍과 결혼하여 4명의 자녀를 낳았다. 자녀들을 키우며 가난과 슬픔을 느낄 때도 있었지만 그보다는 가족의 소중함을 더 절실히 느끼며 하루하루 살아갔다. 멜란히톤은 루터와 함께 수많은 학교 교칙, 예배서 등을 집필했고 독일어 성서를 번역하기도 했다. 또한 그는 루터에게 그리스어를 가르칠 정도로 그리스어에 능통했으며 히브리어 실력도 루터를 능가했다. 사실 공헌도로 따지면 『루터 성경』은 『루터-멜란히톤 성경』으로 불려야 할 것이다. 멜란히톤은 작센 선제후를 보필하며 카를 5세의 정책에 반대하는 슈파이어(1529)와 아우크스부르크(1530) 제국의회에 참석했으며, 『아우크스부르크 신앙고백』을 집필하기도 했다. 그는 교계의 각종 현안에 대해 독자적인 입장을 취한 신학자였다. 재세례파에 대해서는 유아세례를 지지했고, 츠빙글리의 성찬 기념설에 대해서는 현존설을 주장했으며, 루터와 에라스무스의 자유의지 논쟁에서는 에

라스무스의 편에 서기도 했다. 1546년 루터가 죽은 후에는 그의 정신을 이어받아 종교개혁을 이끌었다. 그는 다른 대학의 영입 제안을 거부하고 40년 이상을 비텐베르크에 머무르다 자택인 멜란히톤 하우스에서 1560년 4월 19일 세상을 떠났다. 멜란히톤은 중세에서 근세로의 전환기에 대학과 교회를 개혁하고, 이성과 신앙을 결합한 최초의 인문학자이자 신학자, 그리고 교회 개혁자였다.

요한 슈베르트페게르 Johann Schwertfeger, 1488-1524는 교회법, 신학, 그리스어, 라틴어에 능통한 학자였다. 루터와 멜란히톤의 강력한 천거로 1521년 6월에 비텐베르크 대학의 로마법 교수로 임용되었으며, 그 해 여름 박사학위를 받고 이듬해에는 대학 교목이 되었다. 그는 멜란히톤의 처형인 앤과 결혼해 매제인 멜란히톤을 도와 이 소책자의 교회법 관련 부분을 집필했다. 그러나 젊은 나이에 세상을 떠나 지금은 역사 속에서 완전히 잊힌 인물이다. 오늘날 그에 관한 자료는 초상화 한 점조차도 남아 있지 않다.

마르틴 루터 Martin Luther, 1483-1546는 본문의 최종 편집에 참여한 것으로 보인다. 이처럼 이 책은 당대 최고의 화가와 학자, 교회 개혁가들이 함께 뜻을 모아 타락한 제도교회를 개혁하고, 기독교인을 위한 삶의 모범으로 주 예수

그리스도를 제시하기 위해 펴낸 개신교 최초의 삽화 소책자다.

그리스도의 이미지와 영적 수양 ———

중세 기독교에서 자아 계발은 수신Bildung, self-cultivation의 한 방법이었다. 독일어 'Bildung'(교육)은 '이미지, 형상, 창조'를 뜻하며, 정신과 마음의 계발을 통한 실존적 자아와 사회적 자아의 조화와 성숙을 목표로 한다. 이는 유학에서 마음을 바르게 한다는 뜻의 정심을 출발점으로 하는 '정심성의격물치지'正心誠意格物致知를 통해 사적 자아와 공적 자아를 계발하는 '수신제가치국평천하'修身齊家治國平天下를 이룰 것을 강조한 것과 유사하다. 동서양을 막론하고 인간은 평생에 걸쳐 자아를 형성해가는 과정에서 영적 수양을 해야 하며 그 시작은 마음에서 비롯된다는 믿음을 가진 것이다.

중세 수도원의 신비주의자 마이스터 에카르트Meister Eckhart, 하인리히 주조Heinrich Suso/Seuse, 요하네스 타울러Johannes Tauler, 토마스 아 켐피스Thomas à Kempis 등은 신성과 인성이 연합된 그리스도를 모범Urbild 삼아 마음을 다스릴 것을 촉구하는 한편, 수양과 선행을 통해 그리스도의 형상을 닮아가는 *Imitatio Christi* 과정을 수신Bildung이라 정의했다. 기독교 영성 훈련은 인간의 영혼에 그리스도의 모습을 담아내는 것을 목표로 한다. 이 전통을 이어받은 것이 16세기에 일어난 독일의 경건주의다.

영성 수행의 한 방법으로는 관상기도 contemplation 를 들 수 있다. 관상觀想기도란 사물의 내면을 바라볼 수 있는 성소 templum 에서 사물의 근원인 하나님을 발견하고 바라보며 드리는 기도다. 여기서 말하는 성소란 성당이 될 수도 있고, 조용한 해변이나 숲 속이 될 수도 있다. 어떤 화가가 바닷가에서 매일 새벽 떠오르는 해를 보면서 관상기도를 드리고, 그 찬란한 해를 마음에 품고 그리스도를 그림으로 표현하면서 그를 닮아간다면 그것이 바로 Bildung이다. 그러나 관상의 핵심은 십자가에 달리신 그리스도를 향한 묵상, 즉 인간의 이성으로 그리스도를 이해하는 대신 마음속에 그리스도의 형상을 모시는 것이다.

중세에는 조각이나 그림을 다수 제작해 그리스도의 형상을 드러내는 수단으로 활용했다. 그러나 머지않아 그리스도의 상들은 성당에 차고 넘쳐 존재 의미를 잃고 먼지만 뒤집어쓰는 신세가 되었다. 조각상과 그림이 늘어날수록 사제와 교황의 권위는 더욱 강화되었다. 그들이 그리스도의 이미지를 독점으로 재생산하고 판매하면서 교회와 교황

목판화로 대조한
그리스도와 적그리스도의 생애

청의 주머니는 두둑해진 반면 교인들은 빈곤에 시달렸다. 문맹이었던 평신도들은 그리스도를 삶의 모범으로 삼겠다는 본래의 목적은 잊은 채 그를 신앙의 대상으로만 바라보았다. 게다가 성상들은 인간을 죽음의 공포로부터 벗어나게 해주는 기도의 대상으로 쓰였다. 따라서 이 책은 그리스도의 이미지를 대상화하는 데 익숙해진 중세 교인들에게 십자가에 달리신 그리스도를 묵상할 필요가 있음을 일깨우기 위해 쓰였다. 진정한 종교 개혁은 인간의 내면에 그리스도의 형상이 회복될 때에야 비로소 시작되기 때문이다.

선전 책자로서의 기능: 루터의 십자가 신학과 영광의 신학

이 책을 집필한 주된 목적은 독자들에게 16세기 초반 교황 제도의 부패성을 알리기 위함이었다. 저자들은 그리스도의 이미지와 교황의 이미지를 상반되게 배치하여 대조함으로써 교황의 세속성을 적나라하게 드러냈다. 불멸하는 그리스도의 이미지와 말씀을 묵상하면 할수록 유한한 교황의 이미지와 말의 권위는 추락한다. 이를 통해 이 책은 루터 신학의 핵심인 십자가 신학과 영광의 신학, 은혜와 율법의 극명한 대비를 보여준다.

우리는 이 책을 통해 정의와 자비와 고난으로 이루어

지는 하나님의 왕국을 묵상하면서, 인류 역사 속에서 세상의 법과 제도와 더불어 타락해온 기독교를 비판하고, 불의와 무력, 정욕으로 가득 찬 현대사회를 바꿀 의지와 용기를 기를 수 있다.

경건 서적으로서의 기능: 그리스도의 수난과 기도

그리스도의 삶과 수난에 대해서는 복음서에 나오는 구절을 짧게 인용하고 다른 설명은 덧붙이지 않았다. 이는 말씀의 권위를 높이는 전통적인 성서 해석 방식으로, 이런 형식은 19세기 말 역사적 예수 연구 이전까지 사용된 유일한 방식이었다.

단조롭고 분명한 선들과 흑백의 강한 대조를 볼 수 있는 목판화와 복음서의 간략한 구절은 검소하게 살며 섬김을 몸소 실천했던 예수의 생애와 잘 어울린다. 반면 같은 목판화지만 교황을 묘사한 부분은 공간, 의복, 인물을 화려하고 복잡하게 묘사했음에도 어쩐지 산만한 느낌을 준다. 그리스도를 묵상하고 관상하는 기도서로 이 책을 활용하기 위해서는 책 왼쪽의 그림과 본문에 집중해야 한다.

루터는 기독교인들의 예배와 기도가 십자가에 달리신 그리스도에 초점을 맞추어야 하며 교인들이 그리스도를 경험하고 예배할 수 있도록 인도해야 한다고 강조했다. 이는 중세 신비주의 묵상과 기도의 전통에서 그리스도 수난의 영적인 면에만 집중하도록 훈련한 것과 일맥상통한다. 이 점에서 루터가 내세운 '오직 성서만으로'라는 원리는 '오직 그리스도만으로' 또는 '오직 그리스도의 말씀과 이미지만으로'라는 의미라 할 수 있다.

이미지와 텍스트: 미술과 역사, 감정과 신앙

1521년에 발행된 이 소책자는 이미지 역시 텍스트 못지않게 중요함을 보여준다. 성령께서는 명료한 텍스트와 귀에 들리는 음성을 통해서도 말씀하시지만, 다양한 해석의 여지가 있는 이미지를 통해서도 역사하신다. 성령과 인간의 상상력이 동시에 활용되기 때문에, 이미지가 지니는 양면성은 상상과 묵상, 그리고 창조의 여지를 남긴다. 하나님은 소리로 말씀하심과 동시에 직접 손으로 당신의 형상을 닮은 인간을 빚으셨다. 더욱이 하나님은 타락한 인간의 구원을 위해 예수 그리스도를 친히 이 땅에 보내셔서 인간들과 더불어 살며 인간적인 감정 또한 느끼게 하셨다.

텍스트가 신앙의 이해 *intellectus fidei*를 추구하는 데 반해, 이미지는 신앙의 유비 *analogia fidei*를 추구한다. 인간은 개인적인 묵상을 통해 그리스도의 형상을 만날 수도 있고, 역으로 그리스도의 형상을 통해 공적 공간에서 자신의 신앙을 드러낼 수도 있다. 글은 이성에 호소하고, 이미지는 감성에 호소한다. 따라서 교황의 그림은 교회의 타락에 대한 분노와 정의감을 자극한다. 신앙인이라면 모름지기 그리스도의 수난을 보면서 일어나는 거룩한 분노를 신앙으로 승화시키고, 그리스도의 생애를 보고는 다시 거룩한 분노를 되새기는 과정을 반복하며 살아야 할 것이다.

책 오른쪽의 텍스트는 교회사의 산물인 교회법을 인용한 부분이므로 이를 올바르게 이해하기 위해서는 역사가와 인문학자의 도움이 필요하다. 오늘날의 교회 현실을 분석하기 위해서는 철학과 역사학, 사회학과 정치학 등 인문학과 사회과학을 두루 활용해야 한다. 한국사와 한국교회사, 한국학과 한국 신학이 결합된 사유를 하는 신학자와 목회자만이 타락한 한국 개신교에 대안을 제시할 수 있다.

루터의 종말론과 신자의 삶

이 책의 결론은 종말론이다. 우리의 삶 역시 최후의 심판으로 끝을 맺게 되어 있다. 종말과 심판, 부활과 영원한 하나님 나라에 대한 믿음이 없다면 우리의 신앙도 투쟁도 모

목판화로 대조한
그리스도와 적그리스도의 생애

두 헛될 것이다. 종말 이후 주어지는 승리가 없다면 전쟁과 부패로 부를 쌓은 자들을 비판하고 대적할 이유도 없다. 루터는 아우구스티누스의 두 도성 이론을 이어받아, 이 땅에 세속 왕국과 신의 왕국이 각자의 영역에서 공존하고 있다고 보았다. 우리에게는 정부와 교회, 정치가와 교회 지도자가 모두 필요하다. 그러나 정교분리 원칙의 본질은 당시 상황에서 세속 왕국(제후들)이 하나님의 왕국(교회)에 간섭하지 못하게 함으로써, 교회의 독자적 영역을 확보하는 것이었다. 1523년에 출간된 『세상 권력에 대하여: 세상 권세에 어디까지 복종해야 하는가?』라는 소책자가 바로 이 문제를 다루었다. 이 땅에서 판치는 악과 사악한 정치가, 타락한 종교 지도자들, 법질서를 전면 부정하는 이상주의자들은 모두 최후의 심판의 칼날 아래 있는 유한한 존재들이다. 이 사실을 떠올릴 때 그리스도인들은 용기와 소망을 품고 악마의 권세에 복종하지 않을 수 있을 것이다.

루터 종교개혁 500주년(2017)을 바라보는 한국교회의 현실

혹자는 작금의 한국 개신교가 교회 역사상 가장 타락했다고 비판한다. 제도화된 교회는 1920년대를 기점으로 타락하기 시작했다. 이에 김교신은 무교회 운동을 일으켜 성서 본문과 조선 교회와의 거리를 좁히기 위해 노력했다. 1930년을 전후로는 이용도가 수난의 그리스도와의 일치를 통한 조선 민중과의 일치를 추구했고, 이후에도 수도원 운동이나 교회개혁 운동의 불씨는 사라지지 않고 있다.

혹시 지금이 바로 하나님의 때가 아닐까? 하나님께서 이 땅에 임할 하나님 나라를 위해 예비해두신 7,000명은 대체 어디에 있을까? 2015년은 한국사회의 총체적 모순을 드러낸 세월호 사건 1주기인 동시에, 이 땅에 처음으로 선교사가 파견되어 복음을 전한 지 130주년을 맞는 해다. 광복과 분단 70주기인 만큼 통일을 위한 준비도 시급히 실행해야 할 때다. 우리 앞에 놓인 이 무수한 사안들에 대한 해법은 과연 어디에 있을까. 그것은 바로 십자가 신앙에 있다. 사회구조 개혁, 민족 선교, 남북 평화 통일이라는 과제는 오직 십자가 신앙으로만 풀 수 있다.

루터 시대 이후 500년이 지난 지금 그때와 같은 이미지와 감성과 예배의 시대가 돌아왔다. 어떤 그림을 보고 무엇을 느낄지, 내면에 그리스도의 형상을 어떻게 육화하고, 누구를 따르고 섬길지가 요즘 우리 시대 교회의 고민이자 신학의 주제다. 따라서 지금은 교회 지도자와 우상을 숭배하는 시각 문화*visual culture*를 탈피해 수난의 그리스도의 이미지를 따르는 시각 신학visual theology을 정립할 때다. 세상 사람들의 눈에 그리스도의 고난을 묵묵히 따르는 겸손과 용기와 인내를 가진 한국 개신교회, 목회자들, 그리고 나 자신의 모습이 또렷이 비치기를 바라며 이 책을 펴낸다. 500년 전 이 소책자가 중세의 교황제도를 치는 다윗의 물매 돌이 되었듯이, 오늘날 한국에도 이 책이 큰 깨달음을 주어 한국교회와 한국사회를 개혁하고자 하는 이 시대의 루터가 등장하기를 기대해본다.

마르틴 루터(루카스 크라나흐 作, 1525)

제1부

목판화와
한글 번역문

그리스도

"그러므로 예수께서 그들이 와서 자기를 억지로 붙들어 왕으로 삼으려는 줄 아시고 다시 혼자 산으로 떠나가셨다"(요 6:15). "내 나라는 이 세상에 속한 것이 아니다"(요 18:36). "세상의 왕들은 백성 위에 군림하고 권력자들은 스스로 위인으로 행세한다. 그러나 너희들은 그래서는 안 된다. 너희 중에 큰 자는 작은 자와 같이 되고 다스리는 자는 섬기는 자와 같이 되어야 한다"(눅 22:26).

목판화로 대조한
그리스도와 적그리스도의 생애

적그리스도

"의심의 여지없이 우리는 황제보다 우월한 권세를 가지고 있다. 왜냐하면 우리는 만왕의 왕 그리스도의 권세에 복종하기 때문이다. [제국의 황제는 임기를 마칠 때까지 교황의 목회를 받아야 한다고 엄중히 선언하는 바이다]"(교회법). 교회법은 교황이 모든 왕과 제후 위에 군림하는 우상이요 적그리스도임을 여실히 드러낸다. 베드로가 이미 예언한 대로 "거짓 선지자들이 나타나 세상 권세를 조롱할 것이다"(벧후 2:1-2).

그리스도

"병사들은 그에게 자색 옷을 입히고 그의 머리에는 가시나무로 엮은 면류관을 눌러 씌웠다"(요 19:2).

목판화로 대조한
그리스도와 적그리스도의 생애

적그리스도

"콘스탄티누스 황제는 교회에게 황제의 면류관, 자색 망토, 자색 튜닉, 황제의 것과 같은 다른 예복들, 그리고 홀을 주었다"(교회법). 교황들은 독점적 권력을 휘두르기 위해 모든 사료에 반하는 사실을 날조했다. 로마 황제가 그런 면류관을 쓰는 것은 관례에 어긋났다.

그리스도

"그러므로 너희의 주인인 내가 너희의 발을 씻겨준 것처럼 너희 또한 서로의 발을 씻어주어야 한다. 이것으로 내가 너희에게 본을 보인 다. 이제부터 너희도 나처럼 해야 한다. 내가 진실로 너희에게 말한다. 종이 주인 위에 있지 않고, 심부름꾼이 의뢰인 위에 있지 않다. 너희가 이것을 알겠느냐? 만일 너희들이 이대로 행한다면 복을 받을 것이다"(요 13:14-17).

목판화로 대조한
그리스도와 적그리스도의 생애

적그리스도

교황은 독재자와 이방 군주들의 전례를 따라 백성들에게 자신의 발에 키스할 것을 강제했다. 그래서 다음과 같은 일이 실제로 벌어졌다. "짐승의 우상을 경배하지 않는 자는 죽임을 당할 것이다"(계 13:15). "교황은 자기 발에 입을 맞추라는 내용의 칙령을 내리고 백성들로 하여금 자신을 숭배할 것을 요구했다"(교회법). 그리고 이를 따르지 않는 사람은 가차 없이 파문시켰다.

그리스도

"바다로 가서 그물을 던져 처음 잡은 고기의 입을 열어라. 거기서 돈 한 세겔을 얻게 될 것이다. 이것을 나와 너의 세금으로 주어라"(마 17:27). "손에 칼을 든 지배자에게 조세를 바치고, 이자를 걷는 자에게 이자를 주고, 관세를 받을 자에게 관세를 바치라"(롬 13:4, 6, 7).

목판화로 대조한
그리스도와 적그리스도의 생애

적그리스도

"우리는 세속 정부가 사제를 처벌할 권한을 가질지, 사제에게 세금을 징수할지, 교회가 성례, 출교, 파문과 더불어 일반인들을 처벌하고 세금을 징수하듯이 사제들에게도 동일한 의무를 부과할지를 결정한다"(교회법). 교황은 불경하고 적그리스도적인 칙령을 만들어 하나님의 계명의 권위를 바닥에 떨어뜨렸다.

그리스도

"그리스도는 본디 하나님의 본체였으나 이를 드러내지 아니하시고, 자기를 내려놓고 종의 모습을 취하여 보통 사람들과 같이 되셨고, 자기를 낮추시고 사람의 모양으로 나타나서 죽음에 이르기까지 하나님의 뜻에 순종하셨다"(빌 2:6-8).

목판화로 대조한
그리스도와 적그리스도의 생애

적그리스도

"교황의 권위가 낮아지면 백성들이 그의 통치를 따르지 않을 것이다. 교황이 겸손하게 자신을 낮추는 것은 그가 가진 지위와 명예에 걸맞지 않다"(교회법). 이 말의 숨겨진 뜻은 다음과 같다. "독일인 바보들을 상대하려면 그들을 엄하게 다스려서 우리가 대단한 존재인 줄 알게 해야 한다."

그리스도

"예수께서는 먼 길을 가느라 피곤에 지치셨다"(요 4:6). "누구든지 나를 따라오려거든 자기 십자가를 지고 나를 따르라"(마 16:24). "예수께서는 스스로 십자가를 지시고 골고다라는 곳으로 가셨다"(요 19:17).

목판화로 대조한
그리스도와 적그리스도의 생애

적그리스도

"만일 [악마의] 사주로 [죄를] 범하면"이라는 교회법의 한 대목과 그와 유사한 다른 구절들은 교황이 매사에 얼마나 많은 악을 자행했는지 보여준다. 그는 사제를 저주하는 안수를 하고, 악한 말을 뱉는 것은 물론 악마의 뜻을 따르기까지 했다. 위의 그림에서 교황은 한 손에 십자가를 들고 세례 받은 기독교인들을 불러 자신을 태운 가마를 어깨에 메게 한다.

그리스도

"나는 다른 도시에서도 하나님 나라를 전해야 한다. 그것이 내가 보냄 받은 목적이기 때문이다. 나는 갈릴리에서 회당뿐만 아니라 말씀을 전할 수 있는 곳이라면 어디서든 전도했다"(눅 4:43-44).

목판화로 대조한
그리스도와 적그리스도의 생애

적그리스도

"상황에 따라 주교들이 자주 설교를 행하지 못하거나 그러기를 원하지 않는 경우가 있을 수 있다. 그들은 많은 책임을 안고 있어 설교하는 일 외에도 여러 가지 일에 관여하기 때문이다. 특히 많은 교구를 맡고 있는 경우에는 그를 대신해 설교할 사람들을 임명할 수 있다"(교회법). 성직자로서의 임무를 망각한 주교들은 '진창에 뒹구는 돼지'처럼 살면서 이렇게 말한다. "이리 오라. 함께 취하고 잔치하며 인생을 즐기자"(사 56:12).

그리스도

"여우도 굴이 있고 공중의 새도 집이 있지만 인자는 머리 누일 곳조차 없다"(눅 9:58). "그는 부요하시지만 우리를 위해 가난해지셨다. 그의 가난은 우리를 부요하게 한다"(고후 8:9).

목판화로 대조한
그리스도와 적그리스도의 생애

적그리스도

"사제가 강압으로 맹세한 모든 서약은 무효다. 사제들의 재물은 영적·세속적 수단으로 보호되어야 하며, 물질을 도난당했을 시에는 반드시 그 소유권을 돌려받아야 한다"(교회법). "이 전쟁에서 죽거나 해를 입은 자는 영원한 생명을 얻을 것이다"(교회법). 이것은 사제들이 사적 재산을 축적할 수 있다는 의미로, 재물을 얻기 위해 서라면 기독교인의 피를 흘려도 상관없다는 뜻이다.

그리스도

"보라, 너희의 왕이 오신다. 그는 온유하시어 나귀를 타리라"(마 21:5). "따라서 그리스도께서 오셨다. 빌린 나귀를 타고 가난하고 온유한 모습으로 오시니, 이는 곧 우리를 다스리려 함이 아니다. 우리 모두를 위해 거룩한 죽임을 당하러 오신 것이다"(요 12:15).

목판화로 대조한
그리스도와 적그리스도의 생애

적그리스도

"모든 성직자는 왕이며, 그들은 머리 위에 관을 써 이를 나타내는 증표로 삼는다"(교회법). "교황은 마치 황제처럼 말을 타고 다녀야 한다. 황제는 교황의 위성과 같은 존재로서 최고 주교직의 권위가 떨어지지 않도록 해야 한다"(교회법, 콘스탄티누스). "로마 교황은 모든 민족과 왕국 위에 군림하는 존재로 임명되었다"(교회법, 요한 22세).

그리스도

"너희는 전대에 금이나 은, 동을 가지지 말고, 여행을 떠날 때 배낭이나 여벌의 옷, 신발이나 지팡이를 가지지 말라"(마 10:9-10). 베드로가 말했다. "내게 은과 금은 없다"(행 3:6). 그렇다면 '베드로의 유산'(교회 국가)은 과연 어디서 유래했을까?

목판화로 대조한
그리스도와 적그리스도의 생애

적그리스도

"작은 도시에서는 주교를 임명할 수 없다. 주교는 명예로운 직책인 만큼 최상의 존경을 받아 마땅하다"(교회법). "사제에게 충분한 물질적 지원을 할 수 없다면 성직 안수를 해서는 안 된다"(교회법).

그리스도

"하나님 나라는 눈에 보이지 않는다. 여기 또는 저기 있다고도 할 수 없다. 하나님 나라는 너희 안에 있다"(눅 17:20-21). "너희는 어찌하여 인간의 율법으로 하나님의 계명을 대체하느냐? 사람의 계명과 교훈을 붙드는 자들은 나를 바르게 섬기는 것이 아니다"(마 15:3, 9; 사 29:13).

목판화로 대조한
그리스도와 적그리스도의 생애

적그리스도

적그리스도의 나라는 오로지 눈에 보이는 것에 있다. 따라서 교황법은 미사 의식 집전 예복의 순서, 옷, 머리 깎는 법, 축제일, 안수, 사제들과 그들이 누리는 각종 혜택, 교단에 관한 내용이 전부다. 교회법은 교황의 개인 소유물을 '교회 재산'이라 지칭하고, 교황청을 '그리스도의 교회'로, 사제를 '하나님의 선택된 백성'이라 칭하며 마치 평신도는 교회의 일부가 아닌 것처럼 여긴다. 이는 명백히 성경의 진리에 어긋난다. 교황은 금식 명령을 내리고 결혼도 금한다. 이는 바울의 예언과 정확히 일치한다. "거짓 영들이 와서 그런 것들을 금할 것이다"(딤전 4:1, 3).

그리스도

"그는 성전 안에 거래상, 양, 소, 비둘기, 환전상이 앉아있는 것을 발견했다. 그는 노끈으로 채찍을 만들어 이들을 성전에서 내쫓고, 계산대를 엎고 말했다. 이것들을 치워라. 내 아버지의 집을 도둑의 소굴로 만들지 말라"(요 2:14-16). "너희가 거저 받았으니 거저 주라"(마 10:8). "네 금이 너와 함께 지옥에 있을지어다"(행 8:20).

목판화로 대조한
그리스도와 적그리스도의 생애

적그리스도

바울이 선포한 것처럼 적그리스도는 하나님의 성전에 앉아 하나님 행세를 한다(살후 2:3-4). 다니엘이 예견한 대로(단 11:36-45) 적그리스도는 하나님의 법을 변질시킨다. 그는 성경을 무시하고, 사면장, 면죄부, 교직을 매매하며, 재산을 축적하고, 교인들의 돈을 뺏고, 결혼제도를 무너뜨리고, 양심을 상하게 하고, 임의대로 법을 만들고, 성인을 축성하고, 교인들을 축복하거나 저주하며, 자신의 목소리를 마치 하나님의 목소리처럼 여기라 명한다. "누구도 그에게 이의를 제기할 수 없다"(교회법).

그리스도

"제자들이 지켜보는 가운데 주께서 승천하시니, 구름이 그를 가려 보이지 않게 하더라. 너희 가운데서 하늘로 올라가신 예수는 그 모습 그대로 다시 오실 것이다"(행 1:9-11). "그의 왕국은 무궁하다"(눅 1:33). "누구든지 나를 섬기려거든 나를 따르라. 나 있는 곳에 나를 섬기는 자도 있으리라"(요 12:26).

목판화로 대조한
그리스도와 적그리스도의 생애

적그리스도

"그러나 짐승은 사로잡혔고, 짐승을 대신하여 표적을 행하던 거짓 선지자도 함께 잡혔다. 이들은 짐승의 표를 받거나 짐승의 상을 숭배하던 자들이었다. 이 둘이 산 채로 유황불이 붙은 못에 던져지고, 흰 말을 탄 자의 입에서 나오는 검에 죽임을 당했다"(계 19:20-21). 그 후 무법한 자가 풀려나겠으나 주 예수께서 그를 죽이실 것이다.

제2부

원문 / 번역문 / 해설

1-1

목판화로 대조한
그리스도와 적그리스도의 생애

Do Jhesus innen wardt/ das sie kommen wurden und yhnen tzum konig machen/ ist er abermals uffin bergk geflohen/ er allein. Johan. 6. Mein reich ist nicht von dißer welt. Joh. 18. Die konnige der welt hirschen yr/ und die gewaldt haben/ werden gnedige hern genandt/ yr aber nicht alßo/ ßonder der do grosser ist unther euch/ sall sich nydern/ als der weniger. Luce. 22.

Ihesus ergo cum cognouisset: quia venturi essent vt eum raperent: & facerent Regem: fugit iterum in montem ipse solus. Iohan. vi. Regnu meum non est de hoc mundo. Iohan. xviii. Reges gentium dominatur eorum: & qui potestatem habent benefici vocatur Vos autem non sic. Sed qui maior vefirum fuerit, sittanqua minor. Luce 22.

There Jesus, knowing that they would come to make him king, fled again to the mountain by himself [John 6:15]. My kingdom is not of this world [John 18:36]. The kings of the world prevail here, and those with authority call themselves benefactors. You however are not to be thus! The greater among you should be like the lower [Luke 22:25-26].

"그러므로 예수께서 그들이 와서 자기를 억지로 붙들어 왕으로 삼으려는 줄 아시고 다시 혼자 산으로 떠나가셨다"(요 6:15). "내 나라는 이 세상에 속한 것이 아니다"(요 18:36). "세상의 왕들은 백성 위에 군림하고 권력자들은 스스로 위인으로 행세한다. 그러나 너희들은 그래서는 안 된다. 너희 중에 큰 자는 작은 자와 같이 되고 다스리는 자는 섬기는 자와 같이 되어야 한다"(눅 22:26).

빈들: 그리스도는 사람들이 그를 왕으로 세우려 하자 광야로 떠나신다.

그리스도는 산과 광야에서 눈에 띄지 않게 계신다. 하나님은 우주에 숨겨진 비밀이시다. 세상 만물에 깃든 그리스도의 말씀은 어린아이처럼 순수한 자만이 깨달을 수 있는 진리다. 세상 속의 그리스도인은 마치 밀가루 반죽을 부풀려 빵이 되게 하는 누룩과 같은 존재다.

하나님 나라의 지도자는 세상 지도자와는 달리 위에서 군림하는 대신 종으로 섬겨야 한다. 그리스도가 계신 장소는 V자 형태로 열려 있는 데 반해 오른쪽의 교황 건물은 둥근 아치 형태로 닫혀 있다. 그리스도는 홀로 자유롭게 산으로 가지만, 교황은 성직자와 군대의 호위를 받으며 쇠사슬로 막힌 궁궐 안에 있다.

1-2

목판화로 대조한
그리스도와 적그리스도의 생애

Auß obirkayt, die wir sonder tzweyffell tzum keyßerthumb haben/ und auß unßer gewalt/ seynt wir des keyßertumbs/ ßo sich das vorledigt, ein rechter erbe/ cle. pastoralis ad fi. de sen.˙ et re iudi. Sum[m]a summaru. Nichts anders ist in des Bapsts geystliche rechte tzu finden/ dan das es seynen abgot und Antichrist ubir alle keyßer/ konig un[d] fursten irhebet/ als Petrus vorgesagt hat. Es warden komen unvorschambte Bischoff die die weltlich herschafft warden vorachten. 2. Pet. 2.

Nos tam ex superioritate qua ab Imperio non est dubium nos habere quod ex potestate in qua vacante Imperio Imperatori succedimus. Cle. pastoralis ad finem de sen. & re iudi. Summa summarum. Aliud nihil est in Iure Canonico Pape inuenire: nisi vt suum Idolum & Antichristu[m] super omnes Caesares, Reges & principes extollat, sicut S. Petrus prius predixit. Venturos pseudoprophetas domination[m] contemnentes. II Petri ii.

"Without doubt we have authority higher than that of the emperor, because we submit to the power of succession of the Chief Emperor, highest of highest." Nowhere else in canon law is the Pope to be found, than that he is an idol and antichrist raised over all emperors, kings and princes, as Peter before said: There will come insolent bishops, who despise worldly authority [Peter 2:1, 10].

"의심의 여지없이 우리는 황제보다 우월한 권세를 가지고 있다. 왜냐하면 우리는 만왕의 왕 그리스도의 권세에 복종하기 때문이다. [제국의 황제는 임기를 마칠 때까지 교황의 목회를 받아야 한다고 엄중히 선언하는 바이다]"(교회법).[1] 교회법은 교황이 모든 왕과 제후 위에 군림하는 우상이요 적그리스도임을 여실히 드러낸다. 베드로가 예언한 대로 "거짓 선지자들이 나타나 세상 권세를 조롱할 것이다"(벧후 2:1-2).

---

1) 교황 클레멘트 5세가 1311년에 비엔나 공의회를 소집해 프랑스 왕 필립 4세에 대한 조치로 만든 헌법 내용이다. 십자군에 참여한 템플 기사단이 해체되고 그들 소유의 영지마저 박탈되자 교회는 이를 계기로 정치로부터 분리된다.

목판화로 대조한
그리스도와 적그리스도의 생애

왕궁: 교황은 궁궐 문을 쇠줄로 막고 창과 대포를 앞세워 우호적으로 손을 내미는 황제조차 안으로 들어오지 못하게 한다. 입구 위의 문장(紋章)에 있는 열쇠와 무기는 왜곡된 교리와 세속 권력의 결합을 상징한다. 교황권은 교회법(canon law)과 대포(cannon), 즉 왜곡된 교리와 무력의 행사를 통해 유지된다. 하나님의 왕국은 세속 왕국—말을 탄 황제로 표상되는 정치 권력과 교황이 상징하는 교회 권력—과는 확연히 다르다. 하나님 나라 또는 사회 참여라는 명분을 내세우며 세속 권력과 부를 추구하는 것이 적그리스도다.

> 많은 한국교회 지도자들이 정교분리라는 미명 아래 사회정의를 무시하고, 세속 권력과 야합해 정직하지 못한 방법으로 교세를 확장했다. 그러나 이 모든 것들은 비바람 앞의 모래성처럼 한순간에 무너지고 말 것이다.

2-1

목판화로 대조한
그리스도와 적그리스도의 생애

Die soldner haben geflochten eyne kronen von dörnen/ un[d] auff sein heubt gedruckt/ darnach mit eynem purper kleydt haben sie yn bekleydet. Johan. 19.

Milites plectentes coronam de spinis, imposuerunt capiti eius, & veste purpurea circundederunt eum. Iohan: XIX.

The soldiers twisted a crown of thorns and pressed it on his head, and then dressed him in a purple robe [John 19:2].

"병사들은 그에게 자색 옷을 입히고 그의 머리에는 가시나무로 엮은 면류관을 눌러 씌웠다"(요 19:2).

가시관: 그리스도는 로마 군병들의 손에 체포되어 머리에 가시 면류관을 쓰고, 매를 맞고 조롱당하는 수모를 겪는다.

가시관을 쓴 무기력한 그리스도와 면류관을 쓰고 거만한 얼굴로 즉위하는 교황의 모습이 극명한 대조를 이룬다. 맨발의 그리스도는 정중앙에서 실물보다 큰 모습으로 병사들을 당당하게 압도하고 있지만, 적그리스도는 자신의 권위를 과시하기에 급급하다.

교황의 3층 면류관(tiara)은 유럽, 아프리카, 아시아 세 대륙의 통치자라는 그의 지위를 상징한다. 잘 보이지는 않지만 교황과 대포를 쏘는 병사들 사이에 십자가를 든 사제가 서 있다. 대포는 즉위식을 위한 예포일 수도 있고, 적을 공격하기 위한 무기일 수도 있다. 후자라면 이때의 공격 대상은 왼쪽에 있는 그리스도일 것이다. 멜란히톤이 교황 문서와 교회법을 비판한 것은 1520년 12월 비텐베르크의 참나무 아래에서 교황이 보낸 파문서를 불태운 루터를 지지하고 그와 생사를 같이하는 동료임을 공식화한 위험천만한 행동이었다.[2]

---

2) Bodo Brinkmann ed.,*Cranach* (London: Royal Academy of Arts, 2008), 198.

2-2

목판화로 대조한
그리스도와 적그리스도의 생애

Der Keyser Constantinus hat uns die keyserlich krone/ getzirde, allen andern geschmuck in massen wie yhn[der] keyser tregt/ purper cleyt, alle andere cleyder und scepter zutragen un tzubrauchen geben. c. Constantinus xcvi. dis. Solche lügen haben sie yre tyranney tzu erhalten erticht wyder alle historien und kuntschafft, dan es ist nit brauchlich geweßen den Romischen Keysern ein solche krone tzutragen.

Imperator Constantinus tradidit nobis corona[m] Imperialem: Phrygiu: chlamydem purpuream: tunicam coccineam: & imperialia indume[n]ta & sceptra c. Constantinus. xcvi dist. Eiusmodi mendacia ad tuendam tyrannidem suam confinxerunt: contra omnes & historias & annales. Neq[ue] e[ni]m vnquam in more fuit Romanis Imperatoribus tales gestare coronas.

The emperor Constantine has given us the imperial crown, the purple cloak, the scarlet tunic, and other imperial regalia like his, and the scepter. Such lies are fashioned to support their tyranny against all histories and annals; it was not customary for the Roman emperors to carry such a crown.

"콘스탄티누스 황제는 교황에게 황제의 면류관, 자색 망토, 자색 튜닉, 황제의 것과 같은 다른 예복들, 그리고 홀을 주었다"(교회법).[3] 교황들은 독점적 권력을 휘두르기 위해 모든 사료에 반하는 사실을 날조했다. 로마 황제들이 그런 면류관을 쓰는 것은 관례에 어긋났다.

면류관: 교황은 주교들과 사제들의 경하를 받으며 즉위식을 치르고 있다. 교황은 콘스탄티누스 황제로부터 황제의

---

[3] Quotation from distinctio 96 of the canon law. Friedberg, 342, Cap. XIII. 이 선포는 494년 교황 겔라시우스(496년 사망)가 콘스탄티노플에 있던 아나스타시우스 황제에게 보낸 편지에 근거한다. 그는 왕보다 사제의 권위가 높은 이유에 대해 최후의 심판 때 사제가 왕의 운명을 책임지기 때문이라고 주장했다. 당시 황제는 즉위 시에 교황의 재가를 받지 않아도 되었는데, 이는 아마도 그리스도의 신성에 대한 칼케돈 신조의 양성론 대신 단성론(monophysitism)을 지지했기 때문이었을 것이다.

목판화로 대조한
그리스도와 적그리스도의 생애

면류관을 받았다고 주장했다. 최고의 장인이 만든 면류관은 그의 독재 권력을 뒷받침한다.[4]

> 일부 목사는 교회와 교단에서 왕이나 교황처럼 군림한다. 나아가 선거철이면 후보자들에게 안수함으로써 정치에 개입하고 세상적 권세를 과시한다. 그들은 총회나 연회, 연합회의 감투를 쓰기 위해 불법, 금권, 흑색 선거까지 일삼는다.

---

4) 본문에서 언급된 콘스탄티누스의 증여에 대한 *Decretum Gratiani* 구절은 15세기에 만들어진 위조문서로 밝혀졌다. Karin Groll, Das "*Passional Christi und Antichristi*" von Lucas Cranach d.A. (Grankfurtam Main, Peterlang, 1990), 157.

3-1

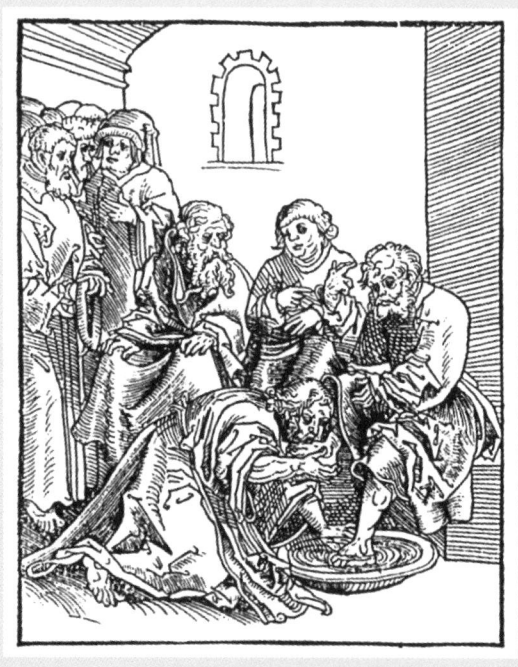

목판화로 대조한
그리스도와 적그리스도의 생애

Szo ich ewre fueße habe gewaschen, der ich ewir herr un[d] meyster bin/ vill mehr solt yr einander unter euch die fuße waschen. Hiemit habe ich euch ein antzeygu[n]g un[d] beyspiel geben/ wie ich ym than habe/ alßo solt ir hinfur audi thuen. Warlich warlich sage ich euch/ [der] knecht ist nicht mehr dan seyn herre/ ßo ist auch nicht[der] geschickte botte mehr dan[der] yn gesandt hat/ Wist yr das? Selig seyt yr, ßo yr das thuen werdent. Johan. 13.

Si ego laui pedes vestros dominus & magister: & vos debetis alter alterius lauare pedes. Exemplum e[ni]m dedi vobis vt quemadmodum ego feci vobis, ita & vos faciatis, Amen amen dico vobis, non est seruus maior domino suo: neq[ue] Ap[osto]lus maior est eo qui misit ilium. Si haec scitis: Beati eritis si feceritis ea.

Just as I who am your lord and master have washed your feet, you must even more so wash one another's feet. By this means I have set you an example. As I have done, therefore you are also to do. Indeed, indeed I say you: The knight is not greater than his lord; neither is the skillful messenger greater then he who sent him. Do you know this? Blessed are you, if you do this [John 13:14-17].

"그러므로 너희의 주인인 내가 너희의 발을 씻겨준 것처럼 너희 또한 서로의 발을 씻어주어야 한다. 이것으로 내가 너희에게 표적과 본을 보인다. 이제부터 너희도 나처럼 해야 한다. 내가 진실로 너희에게 말한다. 종이 주인 위에 있지 않고, 심부름꾼이 의뢰인 위에 있지 않다. 너희가 이것을 알겠느냐? 만일 너희들이 이대로 행한다면 복을 받을 것이다"(요 13:14-17).

섬기는 지도자: 그리스도는 제자들의 맨발에 입을 맞추고, 곧 십자가에 못 박힐 손으로 그들의 발을 정성껏 씻겨준다.

그리스도가 베드로의 발을 씻겨주고 입을 맞추자 베드로는 손과 머리까지 씻어줄 것을 청한다(요 13:9). 그 옆에 요한이 앉아 있다. 독자의 시선은 서 있는 제자들에서 엎드린 그리스도를 거쳐 보석 왕관을 쓰고 축복하는 교황(레오 10세)과 주교, 대주교에게로 이동한다. 마지막에는 엎드린 채 교황의 신발 위에 있는 십자가 장식에 입 맞추는 황제(찰스 5세)와 프랑스 왕 프란츠 1세에게로 향한다. 그리스도는 제자를 키워주고 높이나, 적그리스도는 추종자를 굴복시키고 그를 이용해 스스로를 높인다.

3-2

목판화로 대조한
그리스도와 적그리스도의 생애

Der Babst mast sich an itzlichen Tyrannen und heydnischen fursten/ ßo yre fueß den leuten tzu kußen dar gereicht/ nach tzuvolgen/ damit es waer werde das geschrieben ist: 'Wilcher dießer bestien bilde nicht anbettet, sall getödt werden' Apocalip. 13. Ditz kussens darff sich der Bapst yn seyne[n] decretalen unvorschembt rümen. c. cu[m] oli de pri. cle. Si summus pon. de fen. excom.

Papa nititur imitari non nullos tyrannos & Ethnicos principes: qui pedes suos hominib[us] prebueru[n]t osculandos. Vt veru[m] fiat quod scriptu[m] est. Quicunq[ue] non adorauerit imaginem bestie, occidatur. Apocalip. Xiii. De huiusmodi pedu osculatione non dubitat Papa se impudenter in suis decretalibus iactitare. c. cum olim de priuileg. cle. Si summus pontifex de sent excom.

The Pope imitates tyrants and pagan princes who hold out their feet for the people to kiss so that it becomes true, which is written: Any who does not worship this image of the beast, is to be killed [Revelation 13:15]. No doubt by means of this kissing of the foot may the Pope in his decretals outrageously demand to be praised. If the highest pontiff then pronounces excommunication.

교황은 독재자와 이방 군주들의 전례를 따라 백성들에게 자신의 발에 키스할 것을 강제했다. 그래서 다음과 같은 일이 실제로 벌어졌다. "짐승의 우상을 경배하지 않는 자는 죽임을 당할 것이다"(계 13:15). 교황은 자기 발에 입을 맞추라는 내용의 칙령을 내리고 백성들로 하여금 자신을 숭배할 것을 요구했다(교회법). 그리고 이를 따르지 않는 사람은 가차 없이 파문시켰다.

군림하는 지도자: 교황은 황제와 왕들로 하여금 자신의 화려한 신발에 입 맞추게 한다. 그의 앞에 엎드려 절하고 발에 입 맞추지 않는 자는 파문을 당한다.

> 일부 목사들은 왼손에 당근을, 오른손에는 채찍을 쥐고 '주의 종'을 잘 섬겨야 복을 받고 '주의 종'을 괴롭히면 저주를 받는다고 외친다.

4-1

목판화로 대조한
그리스도와 적그리스도의 생애

Gehe hyn tzum mehr/ un[d] laß yn dynen hamen/ dem ersten fisch der sich uff wirfft, thue das mauel auff/ dorinnen wirstu finde einen gulden/ den gib tzu tzoll vor mich und dich. Mat. 17. Gebt der obirkeyt die das schwerdt yn iren henden hat seyne gebüre/ den tzinß/ wem der tzinß tzustehet/ den tzoll/ dez er geburdt. Paul, ad Roma. 13.

Vade ad mare: & mitte hamum & eum piscem qui primus ascenderit, tolle. Et aperto ore eius, inuenies staterem, illum sumens, da eis pro me & te. Matthei. xvii. Reddito omnibus debita: cui tributu[m] tributum: cui vectigal, vectigal: cui timorem timorem: cui honorem honorem. Paulus ad Ro: xiii.

Go to the sea and cast your fishing line. Open the mouth of the first fish you catch. Inside you will find a gulden, give it for my tax and for yours [Matthew 17:27]. Give to the authority, [which has the sword in its hands], its fee—interest to him who is entitled to interest, tariff to him who is entitled to tariff [Romans 13:4, 6-7].[5]

"바다로 가서 그물을 던져 처음 잡은 고기의 입을 열어라. 거기서 돈 한 세겔을 얻게 될 것이다. 이것을 나와 너의 세금으로 주어라"(마 17:27). "손에 칼을 든 지배자에게 조세를 바치고, 이자를 걷는 자에게 이자를 주고, 관세를 받을 자에게 관세를 바치라"(롬 13:4, 6, 7).

---

5) 라틴어 본문에는 "두려워할 자를 두려워하고, 존경할 자를 존경하라"는 문장이 추가되었다.

세금 지불: 그리스도는 베드로에게 물고기 입에서 나온 은전으로 성전세를 내도록 한다.

우주의 왕이신 그리스도는 성문 밖에서 조용히 세리에게 반 세겔의 세금을 내고 있다. 반면 뒤의 그림에는 황제에 대한 파문서를 든 교황, 행복한 얼굴의 대주교와 주교, 돈주머니를 든 사제와 수녀가 서 있다. 이를 통해 교황청 안에서 협박과 거래가 이루어지고 있음을 알 수 있다. 교황의 파문서는 공포를 유발하는 데 그칠 뿐 황제에게 실제로 영향력을 미치지는 않는다. 당시 성직자들은 국가에 세금을 내지 않고 있었다. 교황과 성직자들의 탐욕을 풍자하기 위해 크라니흐가 의도적으로 역사적 사실과 다르게 그린 것이다. 비판의 대상은 성직자 비과세, 주교직과 수도원장직에 임명되기 위해 교황청에 돈을 바치는 성직 매매, 성직을 살 때 투자한 돈을 회수하기 위한 주교와 수도원의 속죄전 판매, 기도처 세금 부과를 통한 재산 축적 등이다. 최후의 심판은 그리스도에게 달려 있기에 교회의 파문권 행사는 정당하지 않다. 루터의 공용 금고는 열려 있지만 주교의 개인 금고는 닫혀 있다. 그리스도는 가진 것을 내어주시는 반면 적그리스도는 남의 것을 강탈한다.

4-2

목판화로 대조한
그리스도와 적그리스도의 생애

Wir setzen und ordnen das den mit nicht getzimen sall ßo den weltliche[n] gerichts tzwa[n]gk habe stewir un[d] schoß de[m] geystliche[n] personen ufftzulegen ader den tzu forderen vo[n] yren hewßern un[d] allen andern guttern bey der puß des schweren bans und interdicts/ des gleychen sollen die geystlichen dieße alle nicht tzalen sonder unßer erleubnis, c. i. de imunit. eccle. li. vi. Alßo hat der Bapft gots gebott durch seyne gebott tzurissen/ welchs seyner unchristlichen decretael eynigs werck ist.

Decernimus qui Iurisdictionem[tem]poralem obtinent vel iusticia[m] secularem exercent, taleas vel collectas seu exactiones quascu[m]que. Ecclesis vel personis ecclesiasticis imponere, vel exigere ab eisdem pro domibus praediis vel quibuscunq[ue], possessionibus ab eisdem ecclesiis vel personis ecclesiasticis. c.i. de immunitate. Ecle Ii.vi. Sic Papa suis mandatis mandata dei dilaniauit. Id quod vnicum est opus impiaru[m] & Antichristianarum decretalium eius.

We decide what jurisdiction secular officials possess over the clergy, whether they may exercise punishment, or collect taxes, or whether the church may demand the same from clergy as from households, or grant exemption, along with the [sacraments, excommunication, and interdict]. Thus the Pope by his mandates tears to pieces the mandates of God, by the work of his impious and antichristian decretals.

"우리는 세속 정부가 사제를 처벌할 권한을 가질지, 사제에게 세금을 징수할지, 교회가 성례, 출교, 파문과 더불어[6] 일반인들을 처벌하고 세금을 징수하듯이 사제들에게 동일한 의무를 부과할지를 결정한다"(교회법). 교황은 불경하고 적그리스도적인 칙령을 만들어 하나님의 계명의 권위를 바닥에 떨어뜨렸다.

---

6) 라틴어 본문에는 성례, 출교, 파문이 언급되지 않는다. 본문은 교황 알렉산데르 4세(1254-1261)의 칙령을 인용했다. 이 교령은 사제의 면세권뿐만 아니라 사제의 모든 재판권을 교황의 관할 하에 둔다.

목판화로 대조한
그리스도와 적그리스도의 생애

면세 특권: 교황은 오른손에 출교서(파문서)를 든 채 대주교를 바라보고 서 있다. 사제와 수녀로부터 세금을 받던 황제는 파문서를 보고 놀란다.

일부 목사는 고액 연봉과 다양한 활동 지원비를 받는데도 세금을 내지 않으며, 아들에게 그 자리를 물려주고 화려한 노후를 보낸다. 그들은 목회자와 교회는 세금을 면제받아야 한다고 주장한다. 한편으로는 최저생계비 이하로 살거나, 주중에 다른 일을 해서 간신히 생계를 이어가는 목회자들도 많다. 그들은 대개 은퇴 후에 지낼 곳이 없어 어려움을 겪는다. 신학교들이 생존을 위해 신학생들을 과잉 배출한 탓에 졸업 후 사역지가 정해지지 않아 힘겨워하는 전도사들도 있다. 게다가 담임목사 자리를 뒷돈으로 매매하는 경우가 늘어 돈 없고 정직한 목사는 청빙받기도 어렵다. 무리하게 건축한 예배당이 경매로 이단의 손에 넘어가는 경우도 허다하다.

5-1

목판화로 대조한
그리스도와 적그리스도의 생애

Chriftus ab er wol yn der gotlichen form war/ dennoch hat er sich des geewsert sich gnydert un geberdet wie eyn knecht gleich den andern menschen antzusehen und befundenn eyn mensch der sich gedemütiget hat. Unnd ist gehorsam geweßen biß ynn den todt. Philippenses. 2.

Qui cum in forma dei esset, non arbitratus est esse se equalem Deo, sed semetipsum exinaniuit formam serui accipiens in similitudinem hominum factus, & habitu innotus vt homo humiliauit semetipsum factus obediens vsqe ad mortem. Paulus ad Philip, ii.

Christ, though he was in godly form, yet he did not choose this, but lowered himself and was born like a servant, regarding himself equal to other humans, humbling himself and becoming a human. And he is obedient even unto death [Philippians 2:6-8].

"그리스도는 본디 하나님의 본체였으나 이를 드러내지 아니하시고, 자기를 내려놓고 종의 모습을 취하여 보통 사람들과 같이 되셨고, 자기를 낮추시고 사람의 모양으로 나타나서 죽음에 이르기까지 하나님의 뜻에 순종하셨다"(빌 2:6-8).

그리스도는 가난하고 병든 자들 가운데서 기도하시며 설교하신다.

기도하는 그리스도 앞에는 거지와 병자, 장애인까지 총 여섯 사람이 있고, 그 옆에는 제자들이 서 있다. 늙고, 병들고, 가난한 자들 가운데 계신 그리스도 뒤로 멀리 보이는 언덕 위의 성은 고요하다. 그리스도는 낮은 곳에서 아픈 자들을 고치시고, 적그리스도는 높은 곳에서 사람들이 싸우고 피 흘리는 모습을 지켜본다. 그리스도의 겸손과 적그리스도의 오만이 극명한 대비를 이루고 있다.

5-2

목판화로 대조한
그리스도와 적그리스도의 생애

Der bapst meynt es sey seynen ehren tzue nahe das er sich demütige/ dann der sich tzu fast demütiget gedeyget ym ynn dem regiment tzuvorachtung. c. quando 86. distinc. Alßo sagt die glosa. das ist waer bey denn narrenn/ das ist ßo vil mann muß gestreng ubir die deutschenn narren regiren/ ßo halten sie vill von uns.

Papa putat sibi parum esse honorificum, si se humiliet. Dum enim nimium seruatur humilitas, regendi frangitur autoritas. Ixxxvi. dist. c. quando. Vbi dicit glosa. Quod verum est inter fatuos. Hoc est, quatenus cum seueritate imperandum eft Germanis fatuis, tantum nobis tribuunt.

The Pope thinks that his honor should not submit to humility; [too much attention to humility would undermine his authority]. Thus the gloss says: It is truly spoken, with as much severity as the German fools must be governed, so much do they give us.

"교황의 권위가 낮아지면 백성들이 그의 통치를 따르지 않을 것이다. 교황이 겸손하게 자신을 낮추는 것은 그가 가진 지위와 명예에 걸맞지 않다"(교회법).[7] 이 말의 숨겨진 뜻은 다음과 같다. "독일인 바보들을 상대하려면 그들을 엄하게 다스려서 우리가 대단한 존재인 줄 알게 해야 한다."

교황은 관람석에 앉아 마상 창 시합을 보고 있다.

그는 높은 발코니에 앉아 창 시합을 관람하는데, 경기장 왼쪽에는 창에 맞아 쓰러진 말과 창에 찔린 경기자, 오른쪽에는 빈 말과 다친 상대방 선수를 칼로 내리치는 병사가 보인다. 교황, 주교, 사제, 귀족 부인들은 피나는 싸움을 즐

---

7) 성 아우구스티누스의 규칙에 들어 있는 교황 교령 86번의 인용이다 (Friedberg I, 298. cap. IV.). George Lawless, *Augustine of Hippo and his Monastic Rule* (Oxford: Clarendon Press, 1987), 98-101.

목판화로 대조한
그리스도와 적그리스도의 생애

기고, 나팔수는 시합 분위기를 고조시키기 위해 입에 바람을 잔뜩 넣고 큰 소리로 나팔을 분다.

> 많은 목사들이 양을 먹이는 목사(牧師)가 아니라, 양 떼를 다스리고 그 위에 군림하는 목사(牧使)가 되어가고 있다. 평신도를 수족처럼 부려야 제사장으로서 권위가 서고 대접받는다고 생각하기 때문이다. 개신교는 어느새 목사를 떠받드는 '목사교'가 되었다. 감옥 안보다 더한 부패가 교회와 신학교 안에서 벌어지고 있다 해도 과언이 아니다.

6-1

목판화로 대조한
그리스도와 적그리스도의 생애

Als Jhesus ist ein weytten wegk gangen/ ist er müd worden. Johan. 4. Der mir wil nach volgen/ der nem seyn Creutz uff sich und volge mir. Mathei 16. Er hatt ym seyn Creutze selbst getragen und ist tzu der stell, die Calvarie gnant wirdt/ gangen. 19.

Ihesus fatigatus ex itinere sedebat sic supra fontem. Iohannis. iiii. Si quis vult venire post me: abneget semetipsum, tollat crucem sua[m] & sequitur me. Matthei. xvi. Et baiulans sibi crucem, exiuit in eum qui dicitur Caluarie locus, Ioha[n]. xix.

[After Jesus had walked a long way], he became tired [John 4:6]. He who would follow me must take upon himself his cross and follow me [Matthew 16:24]. He went, carrying his own cross, to the place called Calvary [John 19:17].

"예수께서는 먼 길을 가느라 피곤에 지치셨다"(요 4:6). "누구든지 나를 따라오려거든 자기 십자가를 지고 나를 따르라"(마 16:24).[8] "예수께서는 스스로 십자가를 지시고 골고다라는 곳으로 가셨다"(요 19:17).

지친 그리스도는 제자들과 함께 직접 맨발로 광야를 걷다가 결국 십자가를 지고 골고다로 가신다. 그리스도는 제자들과 함께 직접 걸어 다니며 하나님 나라를 설파했다. 그들은 열린 광야의 좁은 길을 걸어가는 신앙 공동체였다(라

---

8) 이 구절은 베드로가 예수님을 "주는 그리스도시요 살아계신 하나님의 아들입니다"(마 16:16)라고 고백한 직후 예수님이 "이 반석 위에 내 교회를 세울 것이다"(마 16:18)라고 선언하신 구절 바로 뒤에 따라나오는 구절이다. 18절은 교황직의 성경적 근거로 사용되어왔다. 바로 그 뒤 19절에서 베드로에게 천국의 열쇠를 주고 그것을 잠그거나 여는 권세를 주겠다고 약속하고 있기 때문이다. 그러나 그리스도는 자신의 죽음을 예고하시면서, 제자들도 십자가를 지고 따라와야 한다고 경고하셨다.

틴어 판본과 후기 판본에는 무거운 십자가를 진 채 쓰러져 있는 그리스도의 그림이 실려 있다). 그리스도는 지친 몸을 이끌고 하나님 나라를 위한 자유로운 여정을 떠나며 기꺼이 스스로 십자가를 지지만, 적그리스도는 담으로 막힌 악마의 나라를 향해가면서 다른 사람에게 짐을 지운다.

6-2

목판화로 대조한
그리스도와 적그리스도의 생애

Das capittel Si quis suadente un[d] dergleychen tzeygt gnug an wie gerne der Bapst das creutz der wyder wertigkeyt duldet/ so er alle die ihenen/ die hand and die pfaffen an lege[n] vormaledeyet un[d] dem teuffel gibt Und alßo ouch tregt der Bapst das creutz das ynnen getauffte Christen uff yren achsselen tragen müssen.

Capitulu[m]. Si quis suadente diabolo & similia satis superq[ue]; probant quam libenter Papa crucem aduersitatis toleret, quu[m] omnes quicunqe manus in sacerdotes iniiciunt, maledicit, & diabolo tradit. Sic etiam fert crucem Papa, vt baptisati Christiani coga[n] tur eum humeris suis portare.

The chapter "If any at the instigation" and similar enough things above it, approve how willingly the Pope bears the cross of the adversary, in all things as much as possible, he puts his hand against the priest, speaks evil, and surrenders to the devil. And thus the Pope also carries the cross, that baptized Christians are summoned to carry on their shoulders.

"만일[악마의] 사주로[죄를] 범하면"(교회법)이라는 교회법의 한 대목과 그와 유사한 다른 구절들은 교황이 매사에 얼마나 많은 악을 자행했는지 보여준다. 그는 사제를 저주하는 안수를 하고, 악한 말을 내뱉는 것은 물론 악마의 뜻을 따르기까지 했다. 위의 그림에서 교황은 한 손에 십자가를 들고 세례 받은 기독교인들을 불러 자신을 태운 가마를 어깨에 메게 한다.

교황은 화려한 가마를 타고 으리으리한 궁궐로 들어간다.

왼손에 십자가 홀을 든 채 높은 가마에 편안히 앉아 그리스도와 정반대 방향으로 가는 것이다. 교황의 커다란 가마

목판화로 대조한
그리스도와 적그리스도의 생애

를 멘 6명의 성직자들은 넓은 길을 지나 열쇠 문양이 걸린 교황의 궁궐 문을 통해 악마의 왕국으로 들어간다.

어떤 목사는 비서와 운전기사, 장로와 부목사, 여전도사를 호위무사처럼 대동하고 다닌다. 대기업 회장실보다 더 크고 화려한 당회장실에서 지내는가 하면, 해외여행을 갈 때는 1등석을 타고 최고급 호텔에 투숙하며 오페라를 즐기는 목사도 있다.

7-1

목판화로 대조한
그리스도와 적그리스도의 생애

Ich müß ouch andern stetenn predigen das reych gots dan ich von des wegen gesandt byn un hab gepredigt yn den Synagogen durch Gallileam Luce 4.

Et aliis ciuitatibus oportet me Euangelizare reregnum Dei, quia ideo missus sum. Et erat predicans in synagogis Galilee. Luce. iiii.

I must also preach the kingdom of God to other cities, because I am thus sent [and he was preaching] in the synagogues of Galilee [Luke 4:43-44].

"나는 다른 도시에서도 하나님 나라를 전해야 한다. 그것이 내가 보냄 받은 목적이기 때문이다. 나는 갈릴리에서 회당뿐만 아니라 말씀을 전할 수 있는 곳이라면 어디서든 전도했다"(눅 4:43-44).

그리스도는 복음으로 공동체를 먹이신다.

그리스도는 언덕에서 남녀노소 모두를 대상으로 말씀을 전하신다.

목판화로 대조한
그리스도와 적그리스도의 생애

7-2

목판화로 대조한
그리스도와 적그리스도의 생애

Es geschiecht offt das die Bischoff mit vielen hendeln belade[n] seyn unnd von wegen Irer fhedenn/ auch tzun tzeytten konnen sies nit/ das dan nit seyn soil, mogen des predigens nit gewarte[n] ßonderlich wan yre bisthumb groß seint dan mogen sie andere vor sich bestelle[n] die do predigefn] c. Inter cetera de offi. ordina. Das seynd die bischoff, die yres orde[n]lichen ampts vergessen/ sint worde[n] ani[m]alia ve[n]tris. 3. un[d] spreche/ kom[m] et un last uns schlem[m]e[n] und temmen und alßo fur und fur gut leben haben. Esai. 56.

Sepe contingit q[uod] Ep[iscop]i p[ro]pter suas occupationes multiplices, vel inualetudines corp[or]-ales, aut hostiles incursus, aut occasio[n]es alias, ne dicamus defectu[m] scientie, q[uo]d in eis reprobandu[m] est omnino, p[er] seipsos no[n] sufficiu[n]t ministrare verbu[m] dei populo, maxime p[er] amplas dioceses & diffusas G[e]n[er]ali constitutione sancimus vt Ep[iscop]-

   i viros[idoneos] ad sancte predicationis officiu[m]

salubriter exequendu[m] assuma[n]t. c. inter cetera de offi. ordina. Hi sunt Ep[iscop]i qui ordinarii officii sui obliti facti sunt ani[m]alia ve[n]tris, dicentes, Venite sumamus vinu[m], & impleamur ebrietate, & erit sicut hodie sic & cras, & multo amplius. Esaie. Ivi.

목판화로 대조한
그리스도와 적그리스도의 생애

It often happens that the bishops are laden with many occupations, or on account of their feuds, cannot make time for preaching as they should. Particularly when their dioceses are large, the bishops may order other men to the duty of holy proclamations. Those bishops, who forget their usual duty, are animals of the belly who say: "Come," [let us feast and indulge], [that we may have good lives]. [Isaiah 56:12]

"상황에 따라 주교들이 자주 설교를 행하지 못하거나 그러기를 원하지 않는 경우가 있을 수도 있다. 그들은 많은 책임을 안고 있어 설교하는 일 외에도 여러 가지 일에 관여하기 때문이다. 특히 많은 교구를 맡고 있는 경우에는 그들을 대신해 설교할 사람들을 임명할 수 있다"[9](교회법).

성직자로서의 임무를 망각한 주교들은 '진창에 뒹구는 돼지'처럼 살면서 이렇게 말한다. "이리 오라. 함께 취하고 잔치하며 인생을 즐기자"(사 56:12).

---

9) 교황 그레고리우스 9세의 칙령이다(Friedberg II, 192). 이는 1215년 교황 이노켄티우스 3세가 개최한 제4차 라테란 공의회의 교회법 10항에서 유래했다.

교황은 음악을 들으며 산해진미를 즐기고 있다.

교황은 자기를 대신할 설교자를 임명해 설교는 그에게 맡기고 자신은 왕과 주교와 한 식탁에 앉아 먹고 마시고 있다. 음악가들이 그 앞에서 하프와 만돌린을 연주하는 가운데 옆에서는 바보광대가 건배를 하고 있다. 설교하는 그리스도의 모습을 그린 앞의 그림과는 사뭇 다른 모습이다. 루터의 종교개혁은 '오직 성경'의 원리에 기초한 설교를 강조했는데, 이는 성경 말씀에 기반한 설교를 들어야만 '오직 믿음'이 가능해지고, '오직 은혜'의 복음을 깨달을 수 있기 때문이다.

> 어떤 목사는 아침에는 호텔에서 기도하고, 저녁에는 레스토랑에서 파티를 즐긴다. 그러는 사이 교인의 영혼은 빈들에 나뒹구는 해골처럼 메마르고 피폐해진다. 그의 설교는 부목사가 대신 준비하거나 표절한 원고로 대신한다. 설교와 책 저술에서 표절은 이제 관행이 되었다. 목사는 성추행을 해도 아무 일 없었다는 듯이 교회를 개척하고, 횡령을 해도 추앙받고, 표절을 해도 학술상을 받으며, 목회 세습을 해도 교인이 줄지

목판화로 대조한
그리스도와 적그리스도의 생애

않는다. 교인과 목사가 서로의 잘못을 눈감아주며 더욱 큰 죄를 저지르고 있는 것이다.

8-1

목판화로 대조한
그리스도와 적그리스도의 생애

Die fuchß haben yre grüben/ unnd die fogell der lufft ire nester/ Aber der son des meschen hat nicht do er sein heubt legte. Lu. 9 Dießer ab er wol reich war/ dennoch umb unsert willen ist er arm worden/ und seyn armut hat uns reych gemacht. 2. Cor. 8.

Vulpes foueas habent & volucres coeli nidos. Filius aute[m] hominis non habet vbi caput suum reclinet. Luce ix. Scitis [enim] gratia[m] d[omi]ni nostril Ihesu Christi, q[uoni]m propter vos egenus factus e[st] cum esset diues, vt illius inopia vos diuites essetis. ii ad Corin. viii.

The foxes have their holes and the birds of air their nests; but the Son of Man does not have anywhere to lay his head [Luke 9:58]. Although he was rich, he nevertheless became poor, and his poverty has made us rich [Corinthians 8:9].

"여우도 굴이 있고 공중의 새도 집이 있지만 인자는 머리 누일 곳조차 없다"(눅 9:58). "그는 부요하시지만 우리를 위해 가난해지셨다. 그의 가난은 우리를 부요하게 한다"(고후 8:9).

천사가 목자들에게 그리스도가 탄생하셨다는 기쁜 소식을 전하는 모습을 그린 그림이다. 아기 예수는 구유에 누워 있고, 실물보다 크게 그려진 마리아, 손에 촛불을 든 요셉, 황소와 노새가 강보에 싸인 채 아기 예수를 바라보고 있다.

8-2

목판화로 대조한
그리스도와 적그리스도의 생애

Wir loßen auff alle eyde die die geystlichen tzu gefengknis gelobet haben unnd gebieten das mann nit allein mit geystlichem/ ßonder auch mit dem weldtlichem schwerdt Ire gutter beschutzen sail so lang biß das sie yr entwandt giit widder haben 15. q. 6. c. Auctoritate[m] un[d][der] ynn dießem krieck stirbt adir vordirbt wirdt erlangen das ewig leben 23. q. 5. c. o[l]im et q. 8. c. omni das heyst ßeyns guts gewiß sein das mans ouch vor güt acht ab schön Christenn blüt dorubir vorgossen wirdt.

Absoluimus ab o[mn]ibus iurame[n]tis & ne ilia seruentur vetuimus tam Archiep[iscopu]m Treueren[sem]. Q[uam] eius prepositu[m] & o[mn]es q[ui] tunc t[em]p[or]is, capti se illis q[uo]q[uo] m[od]o obliganeru[n]t & c[etera]. hoc i[n] mandatis damus, vt sp[irit]uali simul & materiali gladio ta[m]diu malignos illos eoru[m]q[ue]; fautores inseqnatur, quousq[ue]; cu[m] integritate possessio[n]es vel q[no]cu[m]q[ue]; res ecclesiasticae hoc facto, vel q[uo]cu[m]q[ue]; pacto distractae vel direptae sunt reuoce[n]tur c. autoritate[m] xv.q.vi. Quisquis i[n] hoc belli certamine fideliter mortuus fuerit, regna illi coelestia minime negabu[n]t[ur]. 23. q. 5. c. o[l]im, & q. s. c. om[n]i. Nouit [enim] o[mn]ipotens si q[ui]libet vestru[m] moriet[ur] q[uod] p[ro] veritate fidei & saluatio[n]e patriae, ac defe[n]sio[n]e Chri[st]anor[um], mortu[us] e[st], & ideo ab eo p[are]miu[m] caeleste co[n]seque[n]t[ur]. Sc[ili]c[et] hoc e[nim] de suis reb[us] adeo certu[m] esse, vt p[ro] bonis habea[n]t[ur], etia[m] si p[ro]pt[er] eas chri[sti]an[orum] sanguis effundat[ur].

We absolve from all oaths which oblige clergymen to prison, and order that one is to protect their goods not only with the religious, but also with the worldly sword, in order to have that against their stolen property for a long time. And anyone who dies by struggle in this war will attain eternal life. That means certainly that their property, which is another's also, is theirs for good reasons, although Christian blood is poured over it.

"사제가 강압으로 맹세하게 한 모든 서약은 무효다. 사제들의 재물은 영적·세속적 수단으로 보호되어야 하며, 물질을 도난당했을 시에는 반드시 그 소유권을 돌려받아야 한다"(교회법).[10] "이 전쟁에서 죽거나 해를 입은 자는 영원

---

10) 라틴어 본문은 다음을 추가했다. "We absolve from all judgments, and forbid further, just as the Archbishop of Trier at that time situated as his, all that was seized, to whatever extent these have obligated them. In having been delivered, we inasmuch give up those evil ones and theirs to the spiritual and material sword together. Patrons may be followed, so far; whatever takings were, with integrity, made church things, or whithersoever transacted, divided, or pillaged, are to be revoked." Cap. 2 causa XV questio 6 (Friedberg I, 755).

한 생명을 얻을 것이다"(교회법).[11] 이것은 사제들이 사적 재산을 축적할 수 있다는 의미로, 재물을 얻기 위해서라면 기독교인의 피를 흘려도 상관없다는 뜻이다.

교황은 도시를 점령하는 장군이다.

교황은 완전무장을 한 채 말을 타고 왕에게 도시를 함락시키라는 명령을 내린다. 군인들의 창은 언덕 위에 있는 평화로운 교회의 정면 모습을 가릴 정도로 길다. 교회를 향해 포탄을 쏜 대포는 앞의 그림의 구유통과 대비를 이룬다.

> 선교라는 이름을 걸고 벌인 사업 중 그 실상을 들여다 보면 선교는 선전 수단에 불과하고 돈이 목적인 경우가 많다. 어떤 사람은 전쟁이 일어나는 곳만이 선교지가 될 수 있는 것처럼 여기기도 하고, 현지 사정을 무

---

11) 라틴어 본문은 다음 구절을 추가했다. "신실하게 살다가 이 전쟁에서 싸우고 죽은 자는 천국에 들어갈 것이다. 전능자께서는 신앙과 선조의 구원을 위해서, 그리고 기독교인들을 보호하기 위해서 기꺼이 죽은 자를 아신다. 따라서 그에게는 천국이 주어질 것이다." Cap. 46 causa XXIII questio 5 (Friedberg I, 944) and cap. 9 causa XXIII questio 8 (Friedberg I, 955). 이 교령은 니콜라우스 2세(1058-1061)가 내린 것이다.

목판화로 대조한
그리스도와 적그리스도의 생애

시하고 단기 선교를 떠났다가 죽은 사람을 순교자로 미화하기도 한다.

9-1

목판화로 대조한
그리스도와 적그리스도의 생애

Sich an/ dein konigk kompt dir demütigk uff einem iungen esel Mathei 21. Alßo ist Christus kommen reyttendt ufflnn frembden esell arm und sanfftmütigk un[d] reydt nicht tzu regiren ßonder uns allen tzu eynem seligen todte Johannis 12.

Ecce rex tuus venit tibi mansuetus, [et]sedens super pullum asinam. Matthei. xxi. & Iohann. xxi. Sic venit Christus vectus asino alieno, & mansuetus. Neq[ue]; vectus est ad regendum & imperandum, sed ad beata[m] mortem nobis omnibus.

See, your king comes to you, humble, on a young donkey [Matthew 21:5]. Thus is Christ come, riding on another's donkey, poor and gentle, [and riding not in order to govern and rule, but to a blessed death for us all[12)][John12:15].[13)]

"보라, 너희의 왕이 오신다. 그는 온유하시어 나귀를 타리라"(마 21:5). "따라서 그리스도께서 오셨다. 빌린 나귀를 타고 가난하고 온유한 모습으로 오시니, 이는 곧 우리를 다스리려 함이 아니다. 우리 모두를 위해 거룩한 죽임을 당하러 오신 것이다"(요 12:15).

그리스도는 나귀를 타고 예루살렘에 들어가신다.

참된 왕인 그리스도의 겸손과 가난, 그리고 평화의 왕으로서 예루살렘에 당당하면서도 소박하게 입성하는 모습

---

12) 이 구절은 라틴어 본문에는 없지만 *"Passional Christi und Antichristi"* 의 역자 주에 포함된 것으로 추정된다.

13) 나귀의 등을 타고 예루살렘에 입성하신 예수님의 일화는 사복음서에 모두 기록되어 있다. 그중 *"Passional Christi und Antichristi"* 의 저자는 스가랴 9:9의 예언이 실현되는 이 장면에 대해 마태복음 21:5과 요한복음 12:15만을 인용하고 있다.

이 또렷하게 묘사된다. 크라나흐는 종려나무를 들고 그리스도를 환영하는 백성들의 모습은 생략하고 어미를 따르는 새끼 나귀의 모습을 강조한다. 십자가 죽음에 순종함으로써 하나님의 왕국을 이루는 그리스도의 모습을 보여주는 것이다.

9-2

목판화로 대조한
그리스도와 적그리스도의 생애

Die geystlichen seint alle konnige unnd das betzeygt die platten uffim kopffe. duo 12 q. 1. Der Bapst magk gleych wie der keysser reytten un[d] der keyßer ist seyn thrabant uffdas bischofflicher wirde gehalt

nicht gemindert werde c. constantinus 96. dis. Der Bapst ist allen volckern und reychen vorgesatzt ex. vag. Sup[er] gentes Johannis 22.

Clerici omnes sunt Reges, & hoc designat corona in capite c. duo. xii. q. i. Papa potest vehi instar Imperatoris, & Imperator debet stator eius esse & frenum equi eius tenere, vt pontificalis apex non vilescat. 96. dist. c. Constantinus. Super gentes & regna Pontifex Romanus a domino constitutus. Extrauaganti, Super gentes Iohan, vicesimi secundi.

The clergy are all kings, and the crown has been appointed to their head. The Pope may ride equal to the emperor, and the emperor as his groom holds the reins of the horse, so that the supreme pontificate may not deteriorate. The Pope of Rome is superior to all peoples and realms, established as their head.

"모든 성직자는 왕이며 그들은 머리 위에 관을 써 이를 나타내는 증표로 삼는다"(교회법).[14]

"교황은 마치 황제처럼 말을 타고 다녀야 한다. 황제는 교황의 위성과 같은 존재로서 최고 주교직의 권위가 떨어지지 않도록 해야 한다"(교회법, 콘스탄티누스).[15] "로마 교황은 모든 민족과 왕국 위에 군림하는 존재로 임명되었다"(교회법, 요한 22세).[16]

---

14) Cap. 7 causa XII questio 1 (Friedberg I, 678). 저자 미상.

15) Cap. 14 distinctio 96 (Friedberg I, 344). 콘스탄티누스의 증여에 대한 악명 높은 교형이다.

16) Cap. I of the Extravagantes Communes (Friedberg II, 1237).

교황은 전쟁을 치르기 위해 로마를 떠나지만 그를 기다리고 있는 것은 불타는 지옥뿐이다.[17]

평화를 상징하는 나귀를 탄 그리스도와 전쟁을 상징하는 말을 탄 교황이 극명히 대비된다. 정복자인 대주교와 함께 말을 타고 입성하는 적그리스도는 창검을 든 병사의 호위를 받으며 전쟁을 향한 염원을 품고 그리스도 반대편에 있는 죽음과 악마의 왕국인 지옥을 향해 나아간다. 그리스도는 생명을 구하지만 적그리스도는 생명을 죽인다.

> 대형 교회 목사는 교계에서의 높은 지위가 하나님이 세우신 제사장이자 기름 부으신 왕과 같은 권위를 가진다고 주장한다. 그들은 공식 석상에서 통일을 염원하는 기도를 하고 평화를 간구하지만 이는 말뿐이고 정작 통일을 위한 구체적 실천이나 준비는 없으며, 국내외 전쟁 피해자들에게도 무관심하다.

---

17) Joseph L. Koerner, *The Reformation of the Image* (Chicago: Chicago University Press, 2008), 119.

10-1

목판화로 대조한
그리스도와 적그리스도의 생애

Ir solt nicht haben golt nach silber/ nicht gelt an ewirn gorteln keyne taschen ouch nit tzwen rock nach schueh nach eyn wanderstab. Math. 10. Sanct Peter sagt/ Ich habe wyder golt nach silber act. 3. Ubi ist dan Patrimonium Petri?

Nolite possidere aurum. Neq[ue]; argentum, neq[ue]; pecuniam in zonis vestris. Non peram in via, neq[ue]; duas tunicas, neq[ue]; calciamenta, neq[ue]; virgam. Matthei. x. S. Petrus dixit Aurum & argentu[m] non habeo. Actu[s] [Apostolor]u[m] ii. Vbi est ergo patrimonium Petri?

You are not to have gold or silver, nor money on your belts, nor bags, also not two tunics nor shoes, nor a walking staff [Matthew 10:9-10]. Saint Peter says: "I have neither gold nor silver" [Acts 3:6]. From where then does the inheritance of Peter come?

"너희는 전대에 금이나 은, 동을 가지지 말고, 여행을 떠날 때 배낭이나 여벌의 옷, 신발이나 지팡이를 가지지 말라"(마 10:9-10). 베드로가 말했다. "내게 은과 금은 없다"(행 3:6). 그렇다면 '베드로의 유산'(교회 국가)은 과연 어디서 유래했을까?

그리스도는 제자들을 부르시되 그들의 불필요한 소유물을 모두 없애신다.

두 제자는 옷과 허리에 찬 돈 주머니를 내려놓는다.

목판화로 대조한
그리스도와 적그리스도의 생애

10-2

목판화로 대조한
그리스도와 적그리스도의 생애

Keyn Bischoff sail uff eyn gering und kleyne stadt geweyet werden/ ßondern tzu eynem erlichen titell gesatzt und hoch geehret seyn. 80. dist. c. Episcopi. Wir ordnen das keyne weyhung ane gnugliche vorsorgung krefftig sey. 70. dist. sanctorum.

Episcopi non in castellis neq[ue]; in modicis ciuitatibus debent constitui, ne vilescat nomen Episcopi, sed ad honorabilem locum titulandus est & denominandus Episcopus. Ixxx. dist. c. Episcopi. Sanctorum Canonum statutis consona sanctione decernimus, vt sine titulo facta ordinatio irrita habeatur. Ixx. dist. c. sanctorum.

No bishop should be consecrated to a small city, but rather named and titled bishop of an honorable place. We determine that an ordination that has been made without title is held invalid.

"작은 도시에서는 주교를 임명할 수 없다. 주교는 명예로운 직책인 만큼 최상의 존경을 받아 마땅하다"(교회법).[18]
"사제에게 충분한 물질적 지원을 할 수 없다면 성직 안수를 해서는 안 된다"(교회법).[19]

교황은 주교를 한 도시의 군주로 세운다.

본문에서 개혁가들은 교회의 재산 축적, 특히 바티칸 시국이 존재해야 할 필요성을 부정한다. 교황은 돈 가방을 찬 주교에게 한 도시를 그의 소유로 하사한다. 하나님 나라의 성장은 교회당의 크기와는 무관하다. 사람이 떠나버린 예배당은 극장이나 식당이 된다. 물질주의 시대를 사는 목회

---

18) Distinctio 80 of Cap. III. Friedberg I, 280.

19) Distinctio 70 of Cap. II. Fricdberg I, 257; from one of the canons of the Council of Piacenza. called by Pope Bl. Urban II in March of 1095.

목판화로 대조한
그리스도와 적그리스도의 생애

자는 청빈과 무소유의 정신으로 교인과 제자를 양육해야 한다.

> 성시화 담론은 교회가 반사회적 조직으로 굳어져 사회에서 반기독교운동이 일어날 때 생성된다. 정치와 종교 지도자들은 기득권을 유지하기 위해 서로 손을 잡는다. 기회주의적 신학자들과 사가들은 도시 환경이나 공중위생 문제는 뒷전인 채 성시화를 위한 역사 만들기에 여념이 없다. 그러나 정작 도움의 손길이 절실한 도시 빈민, 난민, 장애인, 인신매매 피해자, 싱글맘, 무직자, 무주택자, 알콜 중독자, 에이즈 환자, 이주 노동자, 수감자 등의 사회적 약자에게는 별 관심이 없다.

11-1

목판화로 대조한
그리스도와 적그리스도의 생애

Das reich gots ist nit/ yn ewsserlichen geberden/ sye hie/ aber do ist Christus/ besonder das reich gots ist innerlich yn euch. Lu. 17. Warumb habt ir das gebott gots ubirtretten von menschen gesetz wegen/ Alle ehren mich vorgeblich/ die do menschen lere und gebot halten. Mat. 15. Esaie 29.

Non veniet regnum dei cum obseruatione, Neq[ue]; dicent, ecce hie, aut ecce illic. Ecce enim regnum Dei intra vos est. Luce. xvii. Quare vos transgredimini mandatum Dei propter traditione[m] vestram? Sine causa colunt me docentes doctrinas & mandata hominum Matt, xv & Esaie xxix.

The kingdom of God is not in visible sign, [but see here that it is Christ].[20] Rather, the kingdom of God is within you [Luke 17:20-21]. Why have you broken the law of God for the sake of tradition? All honor me in vain; their teachings are the rules of men [Matthew 15:3, 9]; [Isaiah 29:13].

"하나님 나라는 눈에 보이지 않는다. 여기 또는 저기 있다고도 할 수 없다. 하나님 나라는 너희 안에 있다"(눅 17:20-21). "너희는 어찌하여 인간의 율법으로 하나님의 계명을 대체하느냐? 사람의 계명과 교훈을 붙드는 자들은 나를 바르게 섬기는 것이 아니다"(마 15:3, 9; 사 29:13).

그리스도는 바리새인과 논쟁을 벌이고 있다.

책을 든 바리새인이 그리스도와 논쟁 중인 가운데 다른 바리새인은 식사를 앞두고 손을 씻고 있다. 그리스도의 뒤로는 제자들이 식탁에 둘러앉아 하인이 가지고 온 빵과 포도

---

20) Latin has neq (ue); dicent. ecce hie aut ecce illic, "Neither shall they say, look, it is here, or look, it is there."

주를 먹으려 하고 있지만, 바리새인 뒤의 식탁에는 아무도 없이 비어 있다. 율법을 지키기 위해 손부터 먼저 씻는 위선적인 바리새인은 언제쯤 배불리 먹을 것인가?

11-2

목판화로 대조한
그리스도와 적그리스도의 생애

Des Antichrists reich ist gantzlich in ewßerlichem weßen/ was sagt des Bapsts recht anders dan ordnung vonn kaseln cleydern platten/ feyertage[n]/ weyu[n]gen/ pfreunden/ secten/ monche[n] und pfaffen/ un[d] nennen sich/ yre habe un[d] gutter geystlich güt/ sich allein die christlich kirche/ die pfaffen das außerwelte volck gots/ gleich sam weren die leyen nicht in[der] kirchen unnd gots/ Wyder alle schrifft ubir das vorbeut er die speyße/ ehe/ wie dann Paulus vorgesagt hat. Es werden kom[m]en vorlougne geyst un[d] solche ding vorbieten. 1. Timo. 4.

AntichristI regnu[m] profus est in rebus exteriorib[us]. Quid enim aliud dicit Ius pontificii[s] qua ordinationes de Casulis, vestib[is], coronis, festis, co[n]secrationib[is], beneficiis, sectis, ordinibus, monachis, & sacerdotibus. Et nominant, vt sese ita sua bona & facultates bona spiritualia, se solos Eccl[es]iam Catholicam, quasi vero pphani sine laid, neq[ue] in eccl[es]iasint, neq, dei co[n]tra omne scriptura[m]. Preterea etia[m] p[ro]hibet cibos

& matrimonium, que[m]admodu[m] Paulus ante p[re] dixit. In nouissimis t[em]p[or]ibus discedent quida[m] a fide p[ro]hibentiu[m] nubere, abstinere a cibis. i Timo. iiii.

목판화로 대조한
그리스도와 적그리스도의 생애

The Antichrist's realm is complete in outward nature. For what other right appoints the Pope to ordain chasubles, vestments, crowns, holidays, consecrations, benefices, sects, ordinations, monks and priests? And. They themselves thus indeed call their goods and powers "spiritual goods," of the Catholic Church alone, [the priests "the chosen people of God,"][21] as if the layman would truly be neither in church, nor of God, contrary to the entire scripture. Beyond this even forbids the meal and marriage, just as Paul prophesied: "An untruthful spirit will come and forbid such things"[22][1 Timothy 4:1, 3].

적그리스도의 나라는 오로지 눈에 보이는 것에 있다. 따라서 교황법은 미사 의식 집전 예복의 순서, 옷, 머리 깎는 법, 축제일, 안수, 사제들과 그들이 누리는 각종 혜택, 교단

---

21) 이 구절은 라틴어 본문에는 포함되어 있지 않다.
22) 라틴어 본문을 보다 자세히 옮기면 다음과 같다. "혼인을 금하고 어떤 음식물은 먹지 말라고 할 터이나 음식물은 하나님이 지으신 바니."

에 관한 내용이 전부다. 교회법은 교황의 개인 소유물을 '교회 재산'이라 지칭하고, 교황청을 '그리스도의 교회'로, 사제를 '하나님의 선택된 백성'이라 칭하며 마치 평신도는 교회의 일부가 아닌 것처럼 여긴다. 이는 명백히 성경의 진리에 어긋난다. 교황은 금식 명령을 내리고 결혼도 금한다. 이는 바울의 예언과 정확히 일치한다. "거짓 영들이 와서 그런 것들을 금할 것이다"(딤전 4:1, 3).

교황은 교회법을 제정한다.

이 땅에 하나님 나라가 임하기 위해서는 교인들이 인간의 법과 도덕만 지킬 것이 아니라 하나님의 계명을 지키고 하나님을 섬기는 데 온 마음을 다해야 한다. 적그리스도는 평신도를 하나님의 백성, 교회의 일부로 생각하지 않고 다만 자신이 교회법으로 통제하고 다스려야 할 대상으로만 본다. 은혜는 인간의 내면을 살리나 교회법은 교회를 속에서부터 병들게 한다.

> 교회법을 양분 삼아 자라는 위원회 정치는 교회를 죽인다. 회중의 자치와 노회의 대의정치가 새의 두 날개

목판화로 대조한
그리스도와 적그리스도의 생애

처럼 서로 균형을 이루는 것이 이상적인데, 교권이 비대해지면 교회는 필연적으로 방향을 잃고 추락할 수밖에 없다.

12-1

목판화로 대조한
그리스도와 적그리스도의 생애

Er hat funden ym tepell vorkauffer/ schaff/ ochßen un[d] tawben un[d] wechsler sitzen/ un[d] hat gleich ein geyssel gemacht vo strickef[n] alle schäff/ ochßen/ taube[n] un[d] wechßler außem tempell trieben/ das gelt verschüt/ die tzall bredt umkart un[d] tzu den die tawben vorkaufften gesprochen. Hebt euch hin mit dießen auß meins vatern hauß solt ir nit ein kauff hauß mache. Joh. 2. Ir habts umb sunst/ darub gebts umb sunst. Mat. 10. Dein gelt sey mit dir yn vordamnuß. Act. 8.

Inuenit in templo vendentes oues & boues & columbas & numularios sedentes, Et cu[m] fecisset quasi flagellum de funiculis, omnes eiecit de templo, oves quoq[ue]; & boues & numulariorium effudit aes & mensas subvertit. Et his qui columbas vendeba[n]t, dixit. Auferte ista hinc, & nolite facere domu[m] patris mei. Domu[m] neg[oti]ationis. Ioha ii. Gratis acceptiftis. gratis date. Matthei. x. Pecunia tua tecum sit in perditionem. Act. viii.

In the temple he found men selling sheep, oxen and pigeons, and exchanging money, and he made a scourge from cords, and drove away from the temple all the sheep, oxen, pigeons and moneychangers, he spilled the money and overturned the tables, and said to those who sold pigeons: "Away with you! You are not to make a market of my father's house" [John 2:14-16]. You have freely received, therefore freely give [Matthew 10:8]. May your money be with you in perdition [Acts 8:20].

그는 성전 안에 거래상, 양, 소, 비둘기, 환전상이 앉아 있는 것을 발견했다. 그는 노끈으로 채찍을 만들어 휘두르며 이들을 성전에서 내쫓고, 계산대를 엎고 말했다. "이것들을 치워라. 내 아버지의 집을 도둑의 소굴로 만들지 말라"(요 2:14-16). "너희가 거저 받았으니 거저 주라"(마 10:8). "네 금이 너와 함께 지옥에 있을지어다"(행 8:20).

그리스도는 장사하는 자들을 성전에서 몰아내고 있다.

탁자를 차서 넘어뜨리고 채찍을 휘두르는 그리스도의 권위 앞에 물주와 환전상은 황급히 물러나고, 그들과 내통하던 종교 지도자들은 잠시 당황해하다가 곧 그를 제거할 계획을 세운다.

12-2

목판화로 대조한
그리스도와 적그리스도의 생애

Hie sitzt der Antichrist ym tempell gots un[d] ertzeygt sich alß got wie Paul[us] vorkundet 2. Thessal 2. vorandert alle gotlich ordnung, wie Daniel sagt unnd untherdruckt die heylig schrifft/ vorkeufft dispensacion/ Ablas Pallia Bisthumb lehen/ erhebt die schetz der erden/ Loft uff die ehe/ beschwerdt die gewissenn mit seynen gesetzen/ Macht recht und umb gelt tzureyst er das/ Erhebt heyligen/ Benedeyet un[d] maledeyet yns vierde geschlecht un[d] gebewt ßeyn stym tzuhoren gleych wie gots stym c. fie o[mn]is dis. 19. und nimants sail ym eynreden. 17 q. 4. c. nemini.

Hic sedet Antichristus in te[m]plo Dei, ostendens se tanqua sit Deus. Sicut Paulus p[re]dixit, ii, ad Thessa ii. Comutat & subuertit om[n]es diuinas constitutiones, que[m]admodu[m] Daniel dicit. Oppromit sacram scripturam, ve[n]dit dispensation[n]es, indulgentias, pallia, epatus, b[e]n[e]ficia, tollit thesauros seculi, dissoluit matrimonia, grauat suis legibus co[n]scientias, sancit iura, & rursum eade[m] p[ro] pecunia rescindit, refert in nu[m]eru[m] diuoru[m] sanctos, siue Canonizat, b[e]n[e]dicit & maledicit in Quarta[m] g[e]n[er]atione[m], & p[re]cipit sua voce audiri ta[m]qua voce dei c. sic. Om[n]is. dist. xix. Et nemini e[st] p[er]missu[m] de sedis Aplice iudicio iudicare vel retractare. xvii. dist. iiii. c. Nemini.

Here the Antichrist sits in the temple of God and proclaims himself to be God, as Paul announces [2 Thessalonians 2:4]. He alters all of the divine order, as Daniel says [Daniel 11:36]. He suppresses holy scripture, sells dispensations, indulgences, mantles, dioceses, benefices, raises the treasures of the earth, dissolves marriage, weights consciences with his laws, makes laws, and snatches back again the same money, raises up saints, speaks well and speaks evil unto the fourth generation, and orders his voice to be heard as equal to the voice of God. And nobody is permitted to judge or to reconsider the judgments of the apostolic seat.

바울이 선포한 것처럼 적그리스도는 하나님의 성전에 앉아 하나님 행세를 한다(살후 2:3-4). 다니엘이 예견한 대로 (단 11:36-45) 적그리스도는 하나님의 법을 변질시킨다. 그는 성경을 무시하고, 사면장, 면죄부, 교직을 매매하며, 재산을 축적하고, 교인들의 돈을 뺏고, 결혼제도를 무너뜨리고, 양심을 상하게 하고, 임의대로 법을 만들고, 성인을 축성하고, 교인들을 축복하거나 저주하며, 자신의 목소리를 마치 하나님의 목소리처럼 여기라 명한다.[23] "누구도 그에게 이의를 제기할 수 없다"(교회법).[24]

교황은 교직 매매와 특혜 주고받기에 앞장서며 교회를 장사꾼의 소굴로 전락시켰다.

그리스도와 적그리스도의 차이는 명확하다. 간단히 말해, 그리스도는 사적 이익 추구를 위한 돈을 거부하나 적그리스도는 그런 돈을 사랑한다.

> 성직 매매는 한국교회 부패의 근원이다. 중대형 교회 장로나 목사는 벼슬이 되었고 노회장 총회장 선거는 파벌 간 금권선거일 때가 많다. 교회가 강도의 소굴이 된 것이다.

---

23) Cap. 2 distinctio 19 (Friedberg I, 60). 교황 성 아가토(678-681)의 칙령이다. 그러나 사실 이 칙령은 교황의 목소리가 '거룩한 베드로'의 목소리라고 선언하고 있다.

24) Cap. 30 causa 17 questio 4 (Friedberg I, 823). 교황 성 니콜라우스 1세(858-867)의 칙령이다.

목판화로 대조한
그리스도와 적그리스도의 생애

13-1

목판화로 대조한
그리스도와 적그리스도의 생애

In yren ansehen ist er auffgehaben und die wolcken haben ynn hinwegk genommen vo[n] yren ougen. DiBer Jesus der von euch yn hinimel auffgenommen ist/ wirdt alßo wyder komme wie yr ynn gesehen habt tzu himmel fharen. Act. 1. Seyn reych hat keyn ende Luce 1. Wer do mir dient der wird mir nach volgen und wu ich bin do wirt meyn diener ouch ßeyn Joha. 12.

Videntibus illis eleuatus eft. Hic Ihesus qui assumptus est a vobis in coelum, sic veniet quemadmodum vidistis eum euntem in coelum. Act. 1. Regni eius no erit finis. Luce. 1. Si quis mihi ministrat me sequatur, Et vbi sum. ego, Mic & minister meus erit. Iohan. 12.

As they watched, he was earned away before their eyes, and the clouds obscured him from their sight. This Jesus, who has been taken away up to skies, will thus come back, as you have seen him go [Acts 1:9, 11]. His kingdom does not have an end [Luke 1:33]. Who ever serves me, let him follow me; and where I am, there my servant will also be [John 12:26].

"제자들이 지켜보는 가운데 주께서 승천하시니, 구름이 그를 가려 보이지 않게 하더라. 너희 가운데서 하늘로 올라가신 예수는 그 모습 그대로 다시 오실 것이다"(행 1:9-11). 그의 왕국은 무궁하다(눅 1:33). "누구든지 나를 섬기려거든 나를 따르라. 나 있는 곳에 나를 섬기는 자도 있으리라"(요 12:26).

하늘로 올라가시는 예수.

제자도는 하나님 나라의 종말론으로 시작해서 하나님 나라의 종말론으로 끝난다. 주의 재림을 소망하며 하나님 왕국의 최후 승리를 믿고 끝까지 주를 섬길 때 적그리스도의 왕국의 권력과 유혹을 이겨낼 수 있다.

13-2

목판화로 대조한
그리스도와 적그리스도의 생애

Es ist ergriffen die Bestia und mit yr[der] falsch prophet der durch sie tzeychen than hat do mit er vorfurdt hat/ die ßo ßeyn tzeyche[n] von yme genommen/ und sein bildt angebet ßeynt versenckt yn die teuffe des fewirs und schweffels und seynd getodt mit dem schwerdt des der do reydt uffim weyssen pferdt/ das auß seyne[n] mauel gehet. Apocal: 19. Danne wirdt offenbar werden der schalckhafftige denn wirdt der herr Jesus toeten mit dem atem ßeyns mundts und wirdt yn sturtzen durch die glori ßeyner tzukunfft. 2. ad Tessa: 2.

Apprehensa est bestia, & cuf[m] eo psendopropheta, & qui fecit signa coram ipso, quibus seduxit eos qui acceperunt characterem bestiae, & qui adorauerunt imaginem eius, viui missi sunt hi duo in stagnu[m] ignis & ardentis sulphuris, & caeteri occisi sunt in gladio sedentis super equuf[m], qui procedit de oreipsius. Apocalip. 19. Tunc reuelabitur Me iniquus, que dominus Ihesus interfwiet spiritu oris sui, & destruet Mustratione aduentus sui 2. ad Thessa. 2.

But the beast was captured, and with him the false prophet, who had enticed by performing signs on his behalf. [There were those taken in by these signs] and who worshipped his image. These two are submersed into the depth of the fire and sulfur and are killed with the sword that came out of the mouth of the rider on the white horse [Revelation 19:20-21]. Then the lawless one will be revealed, who the Lord Jesus will kill with.

"그러나 짐승은 사로잡혔고, 짐승을 대신하여 표적을 행하던 거짓 선지자도 함께 잡혔다. 이들은 짐승의 표를 받거나 짐승의 상을 숭배하던 자들이었다. 이 둘이 산 채로 유황불이 붙은 못에 던져지고, 흰 말을 탄 자의 입에서 나오는 검에 죽임을 당했다"(계 19:20-21). 그 후 무법한 자가 풀려나겠으나 주 예수께서 그를 죽이실 것이다.

지옥에 떨어지는 교황.

적그리스도는 유황불이 붙은 불구덩이에서 죽임을 당하는 최후를 맞게 된다.

부록

십자가에 달리신 예수(The Crucifixion, 루카스 크라나흐 作, 1509)

목판화로 대조한
그리스도와 적그리스도의 생애

1. 크라나흐의 목판화, "십자가에 달리신 예수"(1509)

크라나흐의 초기 작품으로
알브레히트 뒤러의 영향을 받았음을 알 수 있다.

그리스도(Revelation, 루카스 크라나흐 作, 1521)

목판화로 대조한
그리스도와 적그리스도의 생애

2. 크라나흐의 목판화, "그리스도"(1521)

루터의 독일어 신약전서 요한계시록 1장 삽화
"요한의 환상" 중에 나타난 천상의 심판자 그리스도

3. 중년의 루터

루터(루카스 크라나흐 作, 1525)

목판화로 대조한
그리스도와 적그리스도의 생애

4. 말년의 멜란히톤

멜란히톤(루카스 크라나흐 2세 作, 1559)

목판화로 대조한
그리스도와 적그리스도의 생애

Copyright ⓒ **옥성득** 2015

1쇄발행_ 2015년 11월 2일

지은이_ 필립 멜란히톤
편역자_ 옥성득
펴낸이_ 김요한
펴낸곳_ 새물결플러스
편　집_ 왕희광·정인철·최율리·박규준·노재현·최정호·최경환
　　　　한바울·유진·권지성·신준호
디자인_ 이혜린·서린나·송미현
마케팅_ 이승용
총　무_ 김명화·최혜영
영　상_ 최정호

홈페이지 www.hwpbooks.com
이메일 hwpbooks@hwpbooks.com
출판등록 2008년 8월 21일 제2008-24호
주소 (우) 07214 서울특별시 영등포구 양평로 11, 5층(당산동5가)
전화 02) 2652-3161
팩스 02) 2652-3191

ISBN 979-11-86409-33-6　03230
책값은 뒤표지에 있습니다.

이 도서의 국립중앙도서관 출판예정도서목록(CIP)은 서지정보유통지원시스템 홈페이지(http://seoji.nl.go.kr)와 국가자료공동목록시스템(http://www.nl.go.kr/kolisnet)에서 이용하실 수 있습니다(CIP제어번호: CIP2015028902).